XPOSITIONS:
关于世博会建筑的对谈

2015年米兰世博会中国馆

Link-Arc 建筑事务所

对谈者

丹尼尔·里伯斯金
斯丹法诺·博埃里
李翔宁
Link-Arc 建筑事务所

由 Original Copy 策划编辑

引言	11		

对谈		**场馆**	
边界	19	理念	37
参数化	55	设计	73
时间	91	建造	109
场所	127	呈现	145

附录	161		

2015年5月，位于纽约的 Link-Arc 建筑事务所完成了他们到目前为止最重要的项目——2015年米兰世博会中国馆，该馆是中国第一次以独立自建馆的形式参加在海外的世博会。几个关键概念在项目的设计和实现过程中逐渐凸显：临时性、永久性以及世博会的遗产；国家与对国家的表现；瞬时的场所营造及其标志性；参数化设计与手工艺之间的关系。

中国馆的整个设计流程是长达23个月的业主、清华大学的设计领导、建筑师以及顾问团队之间的密集合作。而 Link-Arc 也以由世界各地的合作者构架的网络绘制了设计图纸、施工图纸、细部，并统筹协调了建筑的各个方面。项目的设计和施工都是在极快的节奏中进行的，这就要求Link-Arc 与工程师、制造商以及安装团队紧密合作来确保项目满足时间要求并达到业主与设计团队设定的高质量标准。这些努力

最终赢得了国际展览局（BIE）颁发的大奖——这也是自1851年来中国首次获得此类奖项。

这本书并不是一本项目专辑。相反，它仔细地检视了交织在中国馆设计过程中更广的观念，并探讨了这些观念在设计和全球文化方面的意义。在呈现从概念设计到施工、交付之项目过程的同时，本书通过对建筑界几位关键人物的访谈，来探讨建筑设计背后更强大的推动性因素。

本书中，以下几位对中国馆设计中的概念进行了探讨与延伸：斯丹法诺·博埃里，意大利知名建筑师，2015年米兰世博会总体规划设计者之一；李翔宁，同济大学建筑与城市规划学院副院长，哈佛大学设计研究生院客座教授；丹尼尔·里伯斯金，国际知名建筑师，2015年米兰世博会万科馆设计师；以及2015年米兰世博会中

国馆主持建筑师陆轶辰和他的事务所 Link-Arc 的两名重要合作者蔡沁雯和 Kenneth Namkung。

我们希望,读者能够通过平行阅读对谈与项目介绍章节,更深地了解世博会的规划背景,世博会场馆设计所面对的制约性条件,以及世博会作为一个成千上万不同文化背景的人们聚集、交流想法及体验的实体盛会,在促进全球文化交流方面的独特潜力和由此体现出的文化多样性。

对谈：边界

对谈：边界

丹尼尔·里伯斯金
Daniel Libeskind

2015年米兰世博会万科馆，里伯斯金建筑事务所

在世博会关注点发生转变的同时，以主题式展馆为核心的陈列形式却没有变。在最近几届世博会上，这些主题展馆主要是国家馆，它们代表了国家，成为了各国展示其成就的媒介。您认为对国家馆这样的项目而言，由本国建筑师设计是否重要呢？

里伯斯金：我认为不重要。我们生活在一个全球化的语境中，人们已经意识到艺术家、建筑师或作家的国籍并不重要。对国家馆而言，重要的是概念。建筑师只在自己的祖国建造的时代已经过去了。当然，还是有一些国家对国际的建筑影响免疫，但如今这也在快速转变。比如，日本曾一度屏蔽其他国家的影响，鲜有外国建筑师参与当地的项目，现在完全是另一番景象。

世博会作为先锋的试验场，在最前线发出这样的宣言，"我们不能用二十世纪60、70、80年代的眼光和方法办事了；现在是二十一世纪。"

作为企业馆而不是国家馆的设计师，您的立场比较特殊。您为中国著名的地产公司万科设计了独立的展馆。您认为在这个项目中引入中国文化的启发是必要的吗？

里伯斯金：当然，不然我就不会接受这个项目的委托。这样的场馆需要传达出一个国家深厚的文化底蕴和厚重的传统。但这并不意味着本国建筑师就能更出色的完成，实际很可能恰恰相反。我们一直认为在当地居住时间最久的居民是对此地最了解的人，但往往外乡人能够更好的了解一个地方。正所谓，当局者迷，旁观者清。

里伯斯金：不，完全没有。我在几个星期前再次参观了米兰世博会。往常我都会通过贵宾入口直接进入，但这一次我报名前往。我乘坐地铁到达展场，和其他游客一起排队买票。我希望作为普通游客，而不是展馆的建筑师来体验世博会。我想知道，普通游客到底能获得怎样的感受。在那样一个炎热的夏日，正值盛暑，世博园内却游客满满，令我印象深刻。来自世界各地，说着各种语言的参观者充满了各个展馆，不管其规模是大是小，外形优雅还是普通，表皮平淡无奇还是引人入胜。

当下，生活在虚拟世界里的人们，渴望来身经历与众不同的事物。世博会恰好是平意料的体验的集合。仅仅通过简单的并置就能带来不可思议的体验，紧邻土库曼斯坦国家馆的是南美的展馆，然后是俄罗斯馆，美国的展馆。我认为人们对这样的意料不到的并置很感兴趣。这与威尼斯建筑双年展上参观的体验不同。因为那是一个观众提前消化了的环境中，而世博会呈现出了一个全新的世界。一些人认为国家和世博会的时代已经终结，这

这种展馆需要在多大程度上代表国家呢？现在的世博展馆是否已经完全超越了这样的使命？

万科馆室内，里伯斯金建筑事务所

对谈：边界

是错误的。因为我们能从米兰世博会看到，世博会的概念正同时从内以及从外被重新塑造。2007年3月，我作为代表团一员，同美国前副总统阿尔·戈尔（Al Gore）、荷兰足球明星克拉伦斯·西多夫（Clarence Seedorf）和盲人歌唱家安德烈·波切利（Andrea Bocelli）一起向国家展览局（BIE）汇报米兰的世博会概念，为米兰申请世博会的主办权。城市希望举办世博会，不仅为促进经济发展，更是为巩固他们在全球文化中的重要地位。当然，这与之前的世博会有明显的区别。1964年，还是高中生的我去纽约皇后区参观了世博会，那时的主题是"通过理解走向和平"，为表彰"人类在宇宙时代的成就"。而本届世博会，关于粮食、地球的健康发展的主题以及对无法获得资源的群体的关注是进步的。而世博会的观众对这一主题的热情也打动了我。

如今，所有人都淹没在网络海量的数码图像中。是否可以将这种对实体经验的渴望看成是与虚拟体验的一种对抗呢？

里伯斯金：也许不是对抗，而是补充。人们渴望真实体验的观察。对观众来说，重要的不仅是世博会探讨的主题，还有愉快的体验。在相对较小的空间内，世博会提供的体验相当丰富。这就是为什么烈日炎炎下参观者们依然兴致高昂。我排队买票，虽然队伍并不快，但没人抱怨。大家都笑着。我突然想到："原来这才是世博会真实的样子。"作为世博会展馆的建筑师，我们探讨的是概念、哲学和批判性，而当我作为观众的一员，与那些乘坐地铁和公交车到达这的人们在一起，看到他们脸上的兴奋。那真是非常奇妙。

这么多国家馆、建筑师和来自全世界各地的人汇集到一起，是否滋生了某种全球化的共识呢？有没有一种全球化的发展趋势？大家是否在探讨相似的主题呢？

里伯斯金：我认为，不同项目之间的共通之处在于，人们寻求着一种体验。光凭"这表现了韩国，那代表了俄罗斯"是远远不够的。人们寻求的不仅是亲身的体验，而且是启发性的体验，是他们在自己的家或城市里无法得到的体验。这种体验也必定是城市化的，因为参观者必须置身于人潮中。但这并不是一种迪斯尼式的博览会，完全不是。世博会探讨的是严肃的主题，不同的国家各抒己见，用不同方式做出应对。

有的国家用马背上的人物形象应对主题，或非洲撒哈拉以南地区的呈现对粮食生产问题，这种近距离的感受非常不错，参观者能够体会到一种密集感。

当然，体验的形式也多种多样。你可以通过爬上巴西馆柔性的网状构造获得一种审美的体验，也可以在参观中国馆后吃一碗热腾腾的饺子，体验中国的饮食文化。而在万科馆，人们对它用可持续材料完成的龙一般的标志性形体印象深刻。

我们可以通过照片看到全世界各地的任何项目，但这还不够。人们还是希望去现场参观。

柏林犹太大博物馆室内的片虚空间

里伯斯金：我认为世博会就是最好的证据；光看照片是不够的，人们希望获得一种全面的、深度的体验。这就是建筑的吸引力，也是人们评价各展馆的依据。

这又如何影响了设计呢？

里伯斯金：非常积极的影响。我认为当下就是一次文艺复兴。也许我们并没有意识到，但现在和十五世纪的意大利很像。人们重新意识到城市的重要性，建筑的重要性。也开始重新意识到传统和历史的重要性，科技发明的重要性和发现新生活方式的重要性。这是一次真正的文艺复兴。尽管它没有统一的表征，包括了不同的想法和方向的探索，但是可以看到它正在全世界各地发生。我每到一处都能发现新事物勃勃涌现。

里伯斯金：大部分建筑师仍是旧时代的执业建筑师，他们始终在自己的家乡工作，对项目始终有完全的把握。而我属于漂泊的一代，我从未在一处长时间停留。我是美国人，但是我在世界各地工作。我住在意大利，住在纽约，住在柏林。在我最近读的一篇文章中，雅克·德里达 (Jacques Derrida) 写道在犹太人大屠杀和广岛原子弹爆炸之后，整个建筑行业发生了转变。每个人都进入了一种虚空。在这里他指的是在柏林的犹太人纪念馆中漫步的体验，但是也可以将之引申到所有建筑。

这与建筑师也是旁观者的概念不谋而合。那种在和谐的世界中，所有事物的发展都已决定并可控的状态已经不复存在了。世界不再由乐观主义思想家控制，我们看到一个不同的世界。我是美国人，但我是这变化着的世界的公民。

您是否将自己看成一位美国建筑师呢？您曾经在柏林执业过很长时间，在全世界各地工作，您是否思考过这个问题呢？

对谈：边界

斯丹法诺·博埃里
Stefano Boeri

您能否描述一下过去这几年您在米兰世博会筹备工作中的参与？

博埃里：我从2015年米兰世博会筹划最初期就参与其中。在2008年到2010年之间，我作为顾问团的成员协助米兰市长为2015年世博会做了概念策划。顾问团还包括雅克·赫尔佐格、在伦敦政治经济学院任教的瑞奇·伯德特（Ricky Burdett）与美国的建筑师及生态学家威廉·麦唐纳（William McDonough）。概念策划于2008年完成，并于2009年9月公布。

之后，我们的团队继续参与了总规划方案的深化，该方案于2010年7月在巴黎汇报。我们的想法是完全改变世博会的格局，我们的展馆布置在基于古罗马南北与东西正交路网的两条主轴线形成的网格中，为各国提供规模和条件相同的场地。所有展馆都将有面朝中央大道的目的均匀分配。我们这样做的目的是平均分配，重塑世博会的概念，从过去世博会的经验中跳脱出来。我们还将一部分场地构想为开阔的绿地，一个向所有人开放的地球植物园。而各个国家则需要通过耕种其场地，来展现他们如何通过保持生物多样性和运用科技来实现粮食的高效生产。

尽管我们是世博会项目策划最初阶段的重要参与者，我们的概念在后期逐渐被商业倾向冲击。在我看来，最终实现的世博会对食物的关注远超过了对粮食供应的关注。

最后，米兰世博会仍延续了传统的国家馆的形式。以您世博会的经验看，参与世博会的国家仍希望以国家馆来展示自己吗？

博埃里：我们试图突破这种非常传统的模式，因为它需要被更新。我们一致同意尝试一种全新的模式，但同时也希望各个国家的特点和历史仍然能够展现。因此，我们当时构想了一种独特的景观，一种新颖和打破常规的景观。每个国家将会分得一块较软的景观界面上一处土地，而不兴建任何建筑。这样做能够避免"肌肉型建筑"（muscular architecture）的产生。而各个国家也能将重点放在展陈内容而不是容器上。

我们为2015年米兰世博会做的概念策划试图将步行穿过一个巨大的地球花园，闻其香、察其色；而不是参观一系列用电子广告推销商品的商业式国家馆。我们希望各国能够放弃争奇斗艳的心态，建造出专注于传递信息的临时展馆。

最终我们的概念被确认为整体的总体规划准则，南北、东西两条轴线以及场馆分列两侧的格局被保留，但实际内容被完全忽视了。

您曾多次发表关于地缘政治与建筑在塑造国家形象方面的作用的文章。这些如何影响了您在本届世博会规划设计中的出发点呢？

博埃里：2007年，我为 Domus 杂志撰写了一片关于建筑刻板定式的地缘政治的评论文章，探究建筑在视觉与实体表现范围内的作用以及建筑的表达国家身份的能力。存在一种这样的误解——每个国家只能有一种文化认同，或者说，国家身份可以被简化为一种国家形象——这显然是一种陈词滥调。这种国家间的竞争之所以肤浅，是因为许多国家馆并没有明确地表达该国的当地传统。这种竞争，更多的是一场看谁能建造出最令人称奇的建筑的较量。我对此并没那么感兴趣。我想参与的并不是以建筑形态来表达内容的博览会，而是真正着重于内容的博览会。尽管如此，我认为米兰世博会是相当成功的。米兰世博会激发了文化活力，也给整个米兰市带来了活力。这场大型的盛会吸引了大量参观者。期间举办的多次外交、政治会议，也最终促成了申张"食物权被视为基本人权"的《米兰宪章》的签署。

当下，我们应当关注大家都面临的全球性问题，而不是各个国家的独特性？

博埃里：不一定。在某种程度上说，用国家之间的差异来说明问题是简单有效的，毕竟各国都是在独特的环境中用各自特殊的资源、方法、心态和背景处理着全球性的问题。世博会的力量就在于这些各异的个体之间的相互联系与渗透。

而在威尼斯双年展中，各个国家在现成的展馆布置展陈，这使策展人能专注于内容而不是形式。我认为那样的模式更有效率。但即使在威尼斯双年展中，若没有一个统一、清晰的主题，各国家馆也仍无法发挥作用；如果各展馆自成体系，也只能传达这零星的想法，成不了大气候。

生命之树（Albero della Vita），2015年米兰世博会

对谈：边界

李翔宁
Xiangning Li

您如何看待世博会的国家馆在全球建筑文化中的地位？国家馆是否仍然有存在的必要呢？

李翔宁：对一些国家来说，国家馆确实至关重要，毕竟我们处在一个全球化消费的时代，所有的东西都是商品。每年，这些国家将大量资金用于营销，以塑造国家身份和国家形象。而国家馆正是这种营销的途径之一。那些期望快速成长并潜力被认可的国家往往对塑造国家品牌有更强烈的需求。

我认为将国家馆用于营销确实奏效，至少部分奏效。这也是我们仍然组织世博会的原因。现在针对世博会也有不少的批评，因为许多事情我们通过网络即可实现。但是，世博会就像是一本纸质书，人们对它依然有亲身体会的需求。

米兰世博会最初的总体规划概念反对以国家馆这种物质性的形式表现主题，而是希望通过生产以及全球范围内粮食与饥饿的争议的主题将所有国家团结到一起。

李翔宁：我认为最初的规划概念很有说服力。提案试图挑战世博会惯有的组织和设计模式，我非常欣赏这一点。每个国家还是能够建造独立的场馆，但是它们被统一在一个整体的结构中。这样就避免了建筑单体的表现欲望，将重点集中在展览的内容上，集中在粮食生产问题上。这是一个好想法，而且也是一种可持续的世博会组织模式。然而问题不仅在于每个国家都有自己的诉求，同时在政治上协调贯彻这样一个想法也将面临无法估计的工作量。

这引出了关于包含内容的器与内容本身之间的关系的问题。对容器的重视是否是了国家品牌塑造或国家实力炫耀？

李翔宁：对独立的国家而言，以建筑作为宣言的需求是无可厚非的。我们可以从世博会的相关媒体报道中看出，建筑的图像是报道的最主要内容，而关于展陈内容的报道却很少。原因是对展陈内容而言，很难向无法亲身体验的观众传达身临其境的感受。世博会是一项重大的观众活动，但实际到现场参观的人只占世界总人口极小的一部分，大部分人还是通过媒体去了解，但实际到现场的人还是通过媒体去展示自己。因此，将大量的人力物力用于图像发表上的做法也就不无道理了。

每个国家都希望尽可能多的向公众展示自己，因此，将大量的人力物力用于图像发表上的做法也就不无道理了。

建筑仍然能够无法来临其境的人作出强有力的传达。这也无可厚非。提到更早的世博会，我们尽管可能无法记起其内容，但仍然能够联想到其中的建筑。这种将建筑作为图像来消费的现象一直持续到了今天。

这是中国第一次在海外建造独立的世博会国家馆，这种变化背后的原因是什么？

李翔宁：中国的确以其他的形式参与过之前的世博会，但都是改造现成的结构。这是第一次聘请独立的建筑团队来完成建筑设计。在此之前，所有的设计任务都是由平面设计师与艺术家完成的。

很多年来，在学术圈与实践圈中，对这些

2005年日本爱知世博会中国馆

艺术家将将建筑作为某种产品或物品设计以及用图形包装建筑的做法存在着诸多质疑。大家已经不想再次看到这样的设计了。

近年来中国建筑备受瞩目——许多中国建筑师在国际建筑展中展出，并受到国际媒体的争相报道。组织方也因此面临来自公众与媒体的压力。

在世博会这样的国际舞台上，建筑在展现国家方面到底起了怎样的作用呢？

李翔宁：国家馆与国家身份往往被联系在一起。这有两方面的表现：一方面，展示的内容着重于国家文化；另一方面，场馆的规模、设计、建造质量以及建筑本身都是国家形象的宣言。

不是每一个国家都存在其独特的文化认同。但是，我们常常将某一国家的建筑与一些特征联系在一起。举例来说，当我们提到瑞士这个国家，我们联想到非常干净利落并带一些极简主义的建筑。而当我们谈到荷兰，他们的建筑更倾向于自由的形式。但是因为中国对自身的当代文化并不自信，我们很难定义中国建筑的特征。正因为此，在以往的所有世博会上，中国的展馆以及场馆设计一直都参考中国的传统和历史形象。也是由于这个原因，2010年上海世博会中国馆采用了一个古典的大屋顶的形式。米兰世博会中国馆是第一座试图突破中国的传统形象的中国馆。

尽管您能识别出荷兰、瑞士和中国建筑的区别，是否还是存在着某种全球的共识呢？一种贯穿所有"当代建筑"的特性？

李翔宁：批判的地域主义仍是大家经常探讨的话题：每个地区应当有自己的文化认同。但是阿兰·科尔孔（Alan Colquhoun）在一篇重要的学术论文《地域主义的概念》中却表达了不同的观点。他追溯了地域主义这个概念的演进和历史发展过程。我认为他提出的观点是，在全球化的时代背景下，在各个地区之间的建造技术、材料与建造手段逐渐趋同的情况下，塑造每个地区特殊的建筑形象没有任何意义。并且，这种地域主义尽管看似重视文化的多元性，实际上却以欧洲文化或西方文化为中

心。对地域主义的重视暗示着中国人能研究中国文化，非洲人只能研究非洲文化，而白人则能研究和学习所有的文化。我认为地域主义的问题部分在于，它仅仅被用于处理当地原始的文化认同。如果看到今天建筑行业的情形，阿兰·科尔孔会评价说，当今的地域主义只是生成有趣的形式或主题的托辞。

在现代社会中每个人都有很强的竞争意识，大家都期望脱颖而出。国家通过建筑尽其所能地来创造与众不同的形象，而建筑师则尝试用更奇特、更夺人眼球的设计来加入角逐。

当下在中国关于自己国家的建筑特征有些什么样的讨论呢？

李翔宁：通过数年来对中国建筑的观察和评论，我发现，中国建筑的当代特征是从非常高密度的城市化中衍生而来的。这种语境与当下欧洲的城市化较小规模的城市大相径庭。对快速和低成本的建造的需求充斥着中国的建筑业。这些建造，由于城市的快速发展变化，在一些情况下也是临时性的。欧洲和美国的新建筑往往将竖立数

十甚至数百年，然而中国的新建筑有可能两年后就被拆除了。如果这样的建筑是社会所需要的，那么建筑师应当发展一种策略，来进行快速、低成本、低技术的建造。

2010年上海世博会中国馆

杭州中山路改造项目，业余建筑工作室

对谈：边界

Link-Arc 建筑事务所
Studio Link-Arc

从建筑角度看，各国的国家馆构成了世界博览会的骨架。在设计中国国家馆的过程中，有它作为中国第一次海外建造独立国家馆这样的一层复杂性。承担着代表国家的任务来设计中国馆对你们来说是一次怎样的经历呢？

Link-Arc: 这个中国馆是中国第一次在西方以当代建筑的形式参与世博会，其流程与设计的某种程度上超过了设计的复杂性。说实话，在参与中国馆项目之前，我们并未预料到这个项目工作流程的复杂性。我们最早预想到的工作流程是与设计临时博物馆相似的。但是我们之后很快意识到，世博会国家馆具有强烈的政治和商业意图。建筑师需要跨国与多方利益相关者合作，来应对他们不同的要求。考虑到所有这些复杂性，从建筑设计的层面上来说，一种简单的应对方法是将这个项目当成是一次品牌化或形象塑造的操作。但我们不希望这样做，我们决定纯粹地用建筑来诠释我们对中国的理解——这两者之间的差别尽管微妙，但在我们看来仍是很有意义的。我们以一种谨慎的设计思路切入主题，并始终将该项目的文化和全球性的背景考虑在内，而不是简单的做一个方形体量，然后粉刷上各种视觉意象。

作为建筑师，我们很难在这一出发点确立之后，难外的方面有所作为。然而，建筑设计应表达出我们理解的中国未来，也应帮助提升中国在全球文化中的影响力。这一出发点就成了寻找合适的表现方式。

随着信息化的进程，全球化正定义着当代的生活与世博会的组织方式，我们设计中国馆也是处在这样一种语境下。令人庆幸的是，现在自己不是在单一话语权的时代了。

接下来的问题在于：建筑师如何将自己的建筑学知识运用于代表或回应一种特定的文化；而外部的视角是否能避免过分的全球性泛化和卡通化，给设计的讨论带来丰富性。

Link-Arc 的创始人陆轶辰，不但是纽约事务所的主持建筑师，同时也是北京清华大学的副教授。在美国接受建筑教育，在中国执教——跨中、美之间的身份也使我们的团队具备一种更为多文化的视角来看待世博会，看待这次的世博会中国馆。

作为一个以纽约为基地的国际化建筑设计团队，你们为中国业主设计了位于意大利境内的项目。这种组织形式为项目带来了怎样的微妙差异和挑战呢？

Link-Arc: 世界在改变，文化也在逐渐交融。建筑师通过国际化的团队合作来设计位于另一个大洲的项目已经逐渐发展为一种常态。甚至连世博会国家馆的建筑师是本国人这点如今也已经不再那么重要。每个国家都有自己的意图，来展示自己方面有自己的想法，采用一种来自外部的视角往往更有益处。

为什么直到米兰世博会，中国才第一次在海外建造独立的国家馆？在未来的世博会上是否还会看到这样的努力呢？

Link-Arc: 中国参与世博会的事宜，是由中国国际贸易促进委员会（CCPIT）来协调组织的。以往他们的经验更多的是在策划贸易展览。直到近年才逐渐有更多展馆建造的经验。在2010

亚洲建筑的水平向空间，约翰·伍重草图

年上海世博会之前的历届世博会中，中国馆的展览都是在租用现成的建筑中进行的。2010年上海世博会是中国第一次建造独立的国家馆，而2015年米兰世博会是中国第一次在海外建造自己独立的国家馆。通过上海和米兰的世博会，贸促会意识到了世博会的重要性，相信他们在未来仍会继续参与世博会。

你们曾提到，在中国馆项目中，更多的表达了你们国际化的团队的视角，但是设计中仍然有很多元素结合了中国的建筑传统。如果请一百位中国建筑师和一百位外国建筑师来设计中国馆，他们都会运用竹材和坡屋顶的刻板定式还是在推动传统建筑的形象吗？国家馆到底是在传播传统的刻板定式还是在复兴的呢？

Link-Arc：对我们来说，任何一种对国家的表现都无法避免在一定程度上受建筑师个人的理解影响。最初中国馆设计竞赛中的每一个提案都截然不同。我们的方案是唯一一个用了竹材和坡屋顶形式的。所以我们能肯定对第一个问题的回答是否定的。

纵观这一届世博会，许多展馆的设计都是

经过深思熟虑的。我们没有看到很多片面的解读，比如英国馆并没有用大本钟的形象。世博会的主题从某种程度上促使各设计团队去挖掘对国家民族精神更深刻的表达方式。

坦白的说，我们并没有兴趣将中国馆做成一次象征主义的尝试。我们希望项目能体现建筑学更深层次的意义。一个符号或者图像只能涵盖国家特性中很小的一部分。用一个符号或者一种颜色来表现中国这样一个大国是不可取的，这类过分的概括对于中国丰厚的文化底蕴而言肯定是片面的。在整个设计过程中，我们都在极力避免这种象征主义的做法。我们的设计从构想空间开始，表达了一种颇具亚洲意味的强调水平向的空间。这不仅表达了与场域的联系。约翰·伍重（Jørn Utzon）在文章《台基与台地》中也用优美的文字对水平向做了场域对墙体爱有加，而东方文化对地面情有独钟。"（Utzon, 1962, p. 116）

我们取消了大部分的垂直墙体，这意味着空间可以互相流通，而"场馆"和"场域"之间明确的区隔也会消失。中国馆的材料和细节处理

也是基于这种水平向的空间意象，这也是最后我们使用竹材和竹胶合木的原因。

我们的设计出发点具有相当的针对性。以中国馆为例，国家馆并不是传播某种刻板定式的载体。建筑学没有定式，建筑师也不应该为定式所缚，从而错失探索的机会。

坦白的说，国家身份的表达问题在今天变得越来越微妙。过去的世博会主要展现工业和技术的发展，因此这个问题并没有这么复杂。现在，世博会的主题更加多元，对主题的诠释变得更丰富，但也意味着需要建筑师更多的脑洞大开。

如果我们不再用建筑表现技术的复杂和精妙，是否意味着各个国家之间在建筑发展方面的差距正在逐渐缩小呢？

Link-Arc：不，各个国家仍处在不同的发展阶段，这一点可以由各个国家对世博会和科技的主题所持的不同的态度来证明。世博会各国家馆很明显的有自身独特的视角和设计切入点。比如，英国馆和瑞士馆专注于创造切合主题的装置，并不特别在意通过展现工业或经济实力来宣传其国家形象。而另外的一些国家馆则有明确的向全球观众营销自己的目的。对这些国家而言，世博会是一个表达立场观点和文化独特性的舞台。

一直有这样一种意见：互联网的发展导致世博会已经没有存在的必要。但是我们认为，世博园中漫步，你能感受到实体经验仍是非常有意义的。不同国家和文化之间的差异，这是一种绝妙的体验。

这个项目另一个有意思之处是，从某一个时间点开始你必须从意义或者意图的问题中跳脱出来。你必须从"为什么"的问题——设计背后的原因是什么，设计代表着什么，转移到更现实的问题"怎样完成这个设计？"在设计过程中，我们不断在文化相关性方面追问自己，这也影响了我们许多的设计决策。比如，在挑选可用材料时，我们会考虑：哪一种材料才能建立起与中国的文化和历史更强的共鸣呢？观众们能够体会到我们这些决策背后的意图吗？但是，我们必须谨记，这些问题都是围绕着一个实际的建筑项目来问的。设计提案获批之后，我们就开始全速深化，这样的决心和活力结束在这些问题上。

项目工期紧迫，有许多类似的设计探讨都是以非常快的速度进行，因为当时我们已经专注于技术性的议题，试图解决千里之外的现场建造问题。在我们看来，这样的决心和活力也正是社会和国家的一种反映。

你们如何定位自己的事务所？它是中国的、美国的还是国际化的？

Link-Arc：我们不相信在建筑领域仍存在这样的国家界限。这里我们探讨的不是地域性，而是整个行业的态势。我们欣赏不同的文化表

对谈：边界

1893年芝加哥哥伦布纪念博览会行政楼

作为众多国家馆的集合，世博会可以被看成是全球建筑发展状况的缩影。能否从米兰世博会的国家馆建筑中预测出建筑未来的发展方向呢？能否观察到一种行业整体的设计共识或是发展趋势呢？

Link-Arc：历史上的世博会曾有非常统一的建筑表达。于芝加哥举办的哥伦布纪念博览会上，几乎所有的建筑都是新古典主义的风格，这是因为历史上的世博会曾由单一西方文化所主宰。但是，这种单一话权的概念在今天已经不复存在了。2015年米兰世博会上，有来自世界各地的很多设计团队真诚、准确地诠释了文化与传统。虽然说，米兰世博会并没有为世博建筑未来的发展方向提供"正确答案"—但也许这种"不提供答案"的方向就预示着未来真正的发展趋势。

当然我们还是观察到几个非常有趣的趋势。比如米兰世博会上涌现了大量先进的数字装配、一些独特而复杂的形式以及一些介于展览与建筑之间的饶有意味的互动作品。

达，因为能帮助我们看到世界的运行方式。当我们往返于不同国家之间，我们感受到差异，也观察到这些差异对设计进程的影响。我们也曾对事务所的定位有过疑惑。我们的项目也许能更好的回答这个问题。

我们在中国馆项目中与纽约和意大利的一些非常出色的结构设计师合作。最开始，他们提出的结构概念是非常当代的。然而，这样的概念会使结构盖过空间本身。我们强烈主张更为简单的结构概念，因为结构应该为空间服务，应该"消失"。为此我们多次与结构设计师深入探讨，他们认为我们这种处理空间的方式颇具东方意味。

也许确实是这样。在学校学习时，很容易设计出和导师的项目类似的作品，特别是当导师是著名建筑师。Link-Arc的主持建筑师就曾跟随弗兰克·盖里学习。现在我们独立执业，独立决策。最后我们意识到，建筑作品的独特性来源于建筑师独特的文化背景。在中国馆项目中，我们希望表达空间本身，而不是形式或是结构，这与弗兰克·盖里的作品会有所不同。这种出发点是非常个人的，但也成就了中国馆在空间体验上的特殊感受。

场馆：理念

自然，形象，场域

2013年夏，中国国际贸易促进委员会（CCPIT）为米兰世博会中国国家馆项目设计组织了一个两阶段的邀请竞赛。受邀机构多数是中国重要的设计学院和大型建筑设计院，其中包括了清华大学美术学院。陆轶辰作为清华大学美术学院的副教授，负责了米兰世博会中国馆竞赛的建筑设计部分的工作。同时，学院内部各系所还组织了室内、展陈、景观和标识设计团队。这些同一机构下的专业团队之间相互配合，将建筑、室内空间、展陈功能紧密结合，传递共同的文化精神。

2015年米兰世博会的主题是"滋养地球，为生命加油"。组织方期望各参与国深入研究在全球化和工业化背景下农业与社会之间的关系。为延伸世博会主题，赋予项目中国的文化意义，贸促会为中国馆制定了与之平行的主题——"希望的田野，生命的源泉"。

成功的设计必须结合这两个相互联系却各自独立的主题。

Link-Arc 首先研究了世博会的历史——起源于工业化的国际贸易展会，到发展为文化交流的世界性媒介，最后到近年来作为营销国家品牌的契机。历史上，世博会一直被理解为建筑探索的试验场（Rawn, 2015），这与其通常展示出的科技乌托邦思想相得益彰（Byrnes, 2014）。然而，在从建筑与规划角度研究世博会历史的过程中，团队意识到近几届世博会被规划为一系列争奇斗异的展馆的集合。伴随着展馆与日俱增的雕塑感，场馆之间的空间变得越来越微不足道。Link-Arc 希望融合建筑、景观和公共空间以营造丰富的体验，从而打破这种趋势，呈现一种替代物体型展馆的新思路。

自然，形象，场域

场馆：理念

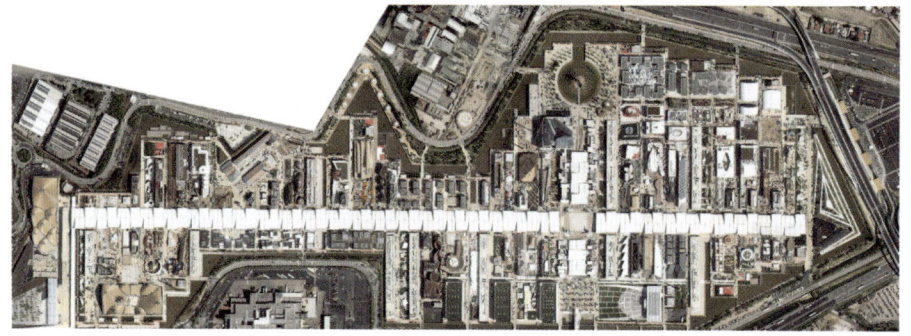

1

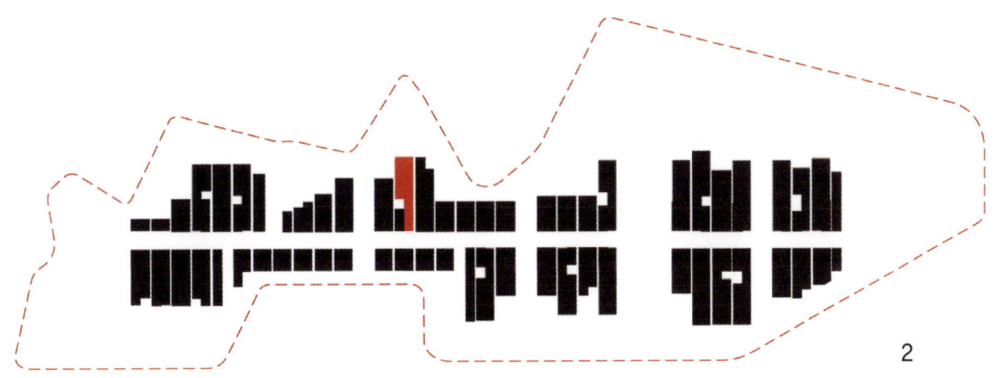

1. 米兰世博会场地航拍照片，建设前、中、后期。

2. 2015年米兰世博会总体规划，其中中国馆场地以红色标出。每块基地都平均享有东西向大道（Decumano）的沿街界面。

Link-Arc 也对2015年米兰世博会的总体规划进行了仔细研究。最初的总体规划提案由这五位建筑师组成的团队完成：斯丹法诺·博埃里、雅克·赫尔佐格、马克·吕兰德（Mark Rylander）、瑞奇·伯德特和威廉·麦唐纳。规划参考了古罗马时期市镇规划的原则（Cilento, 2015），包含南北向和东西向两条公共轴线、一个中心广场和围绕着整个园区的运河。为创造一个尽可能民主的世博园区，规划团队决定让每块基地都平均享有东西向大道的沿街公共立面。这就意味着中国馆的场地——世博会第二大展馆场地——将非常地狭长。

这块基地的特殊条件造就了一些独特的机会。与其它的场馆的场地策略不同，中国馆将场地南侧的入口区域设计成了一个开放的入口广场，营造了从南侧公共空间到北侧建筑主体的平缓过渡，创造出相对"柔软"的公共界面；而基地

自然，形象，场域

场馆：理念

4

5

3. 表现当代中国地景的多样性的概念拼贴图。

4. 中国馆施工期间航拍照片，南部表现出建筑师追求的相对"柔软"的公共界面。

5. 中国馆施工期间航拍照片，北部表现出城市天际线的"硬边"与北侧水面的关系。

的北面由硬质铺地的游乐场和运河界定，建筑与场地的边界更为"刚硬"，也与北部波光粼粼的水面形成了"刚"与"柔"的对比。Link-Arc 对这两种不同边界条件的应对最终演化为定义了整个项目的简洁姿态。

接下来需要解决的是场馆本身的设计切入点。不同的边界条件并不足以支撑设计，因此团队必须另寻出发点。从一个方面看，世博会的组织形式给设计带来了困难。整个世博会园区都是在总体规划框架下被同时设计，几乎不存在任何能够参考或回应的语境。而 Link-Arc 的意图并不是利用建筑来塑造国家品牌，或雕塑出与周围环境毫无交流的标志性物体。但从另一个方面看，世博会一直是建筑新探索的试验场——这激励着 Link-Arc 超越传统的世博会建筑定式，尝试独特的建筑学视角。

自然，形象，场域

场馆：理念

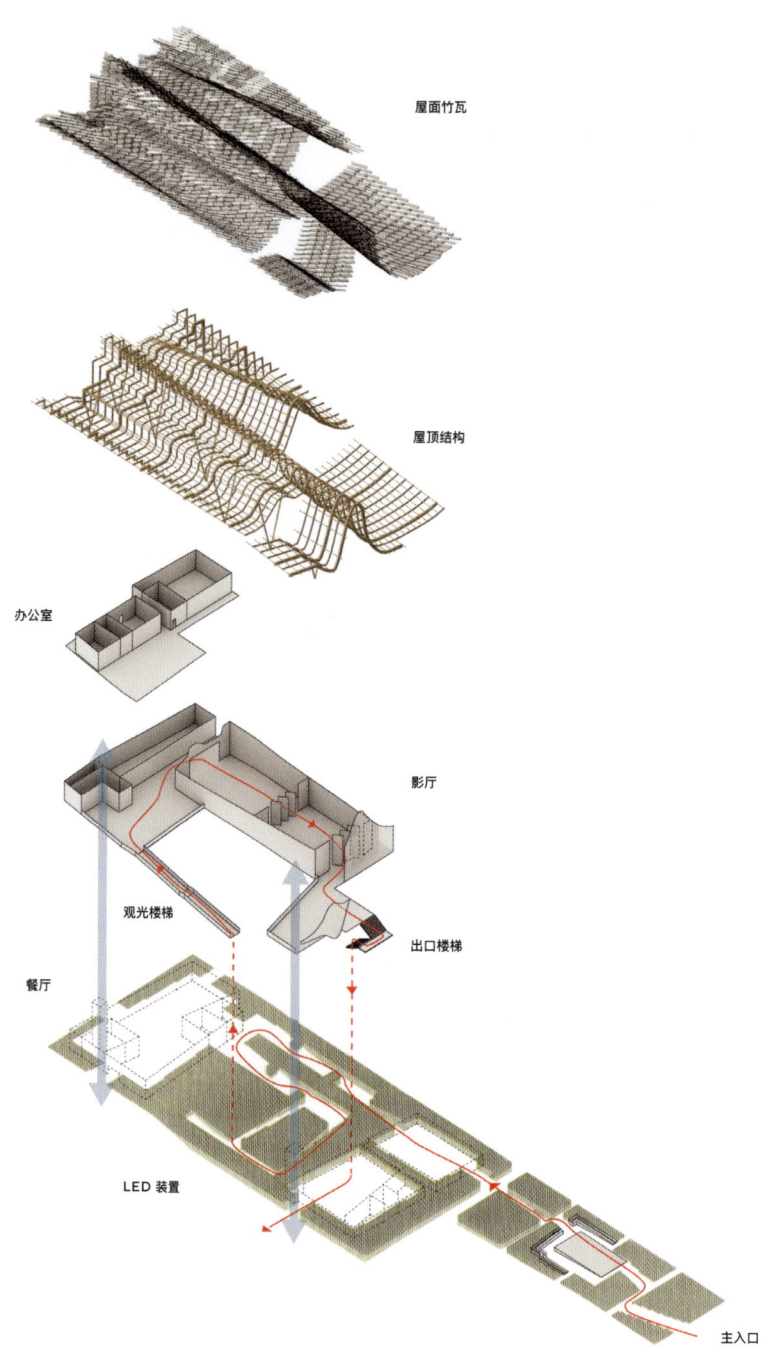

屋面竹瓦
屋顶结构
办公室
影厅
观光楼梯
出口楼梯
餐厅
LED装置
主入口

7

6. 项目初期轴测分析图，展现了屋面概念、功能布局以及公共流线策略。

7. 世博会建设过程航拍图，在图片右下侧可以清晰地观察到中国馆的屋面。

将建筑、景观、都市气氛结合的最初愿景为设计提供了一条思路。这样一个多层次空间的体验应富有一些模糊性，因此不能是一个典型的封闭"黑箱"式文化建筑。与大多数此类建筑的边界分明、封闭不同，中国馆应该是无边界且开放的。斯坦·艾伦 (Stan Allen) 的论文《场所环境》(*Field Conditions*) 在这个阶段给了陆轶辰很大的启发，其中提出的不确定性和多孔性的概念（Allen, 1999）与陆轶辰希望创造的开放和多层次的建筑体验十分契合。同时，这些概念也能帮助达成期望的场地关系，提升空间丰富性。

然而，中国馆的功能设置也相当复杂，不同尺度的有遮蔽的公共空间、不同功能的室内空间以及零售、餐饮、办公、储藏等不同区域需要被合理地布置在限制条件众多的场地中。尽管，在满足基地本身的边界、限高条件的同时适应

自然，形象，场域

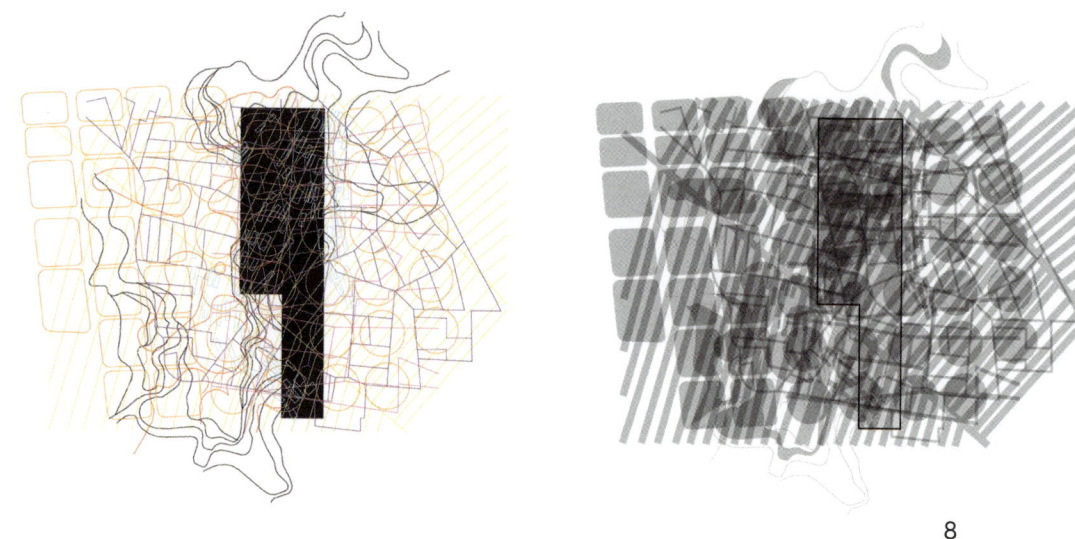

8

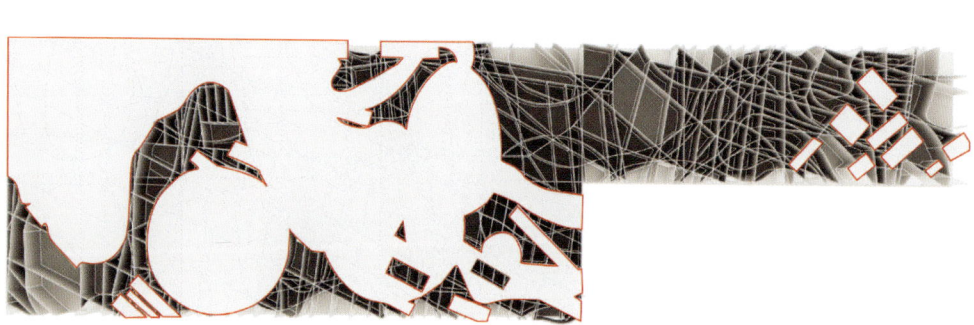

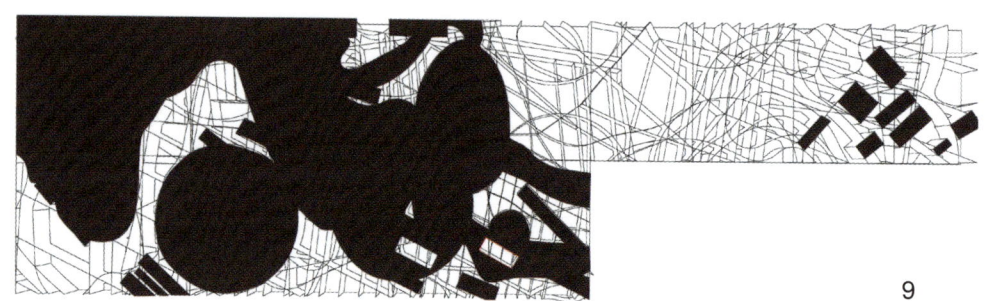

9

场馆：理念

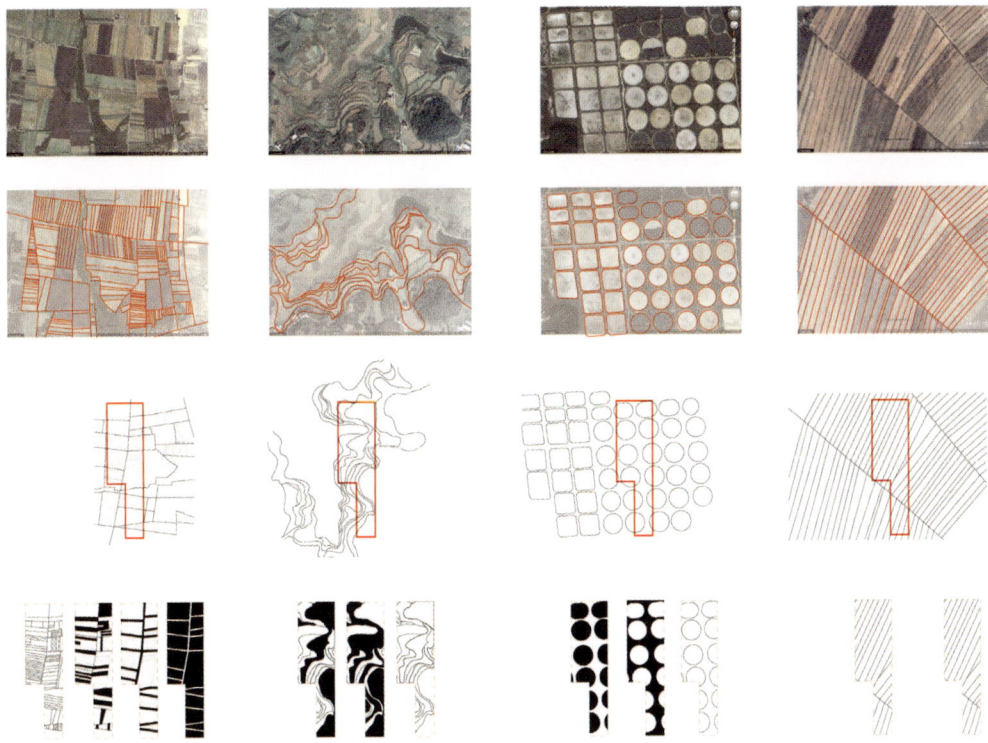

10

8. Link-Arc 建筑事务所在设计竞赛前期开展的场域 vs. 物体设计概念研究。

9. 着重于单一抽象图案的多种变体的场域 vs. 物体设计概念研究。

10. 场域 vs. 物体设计概念研究矩阵，将农业与建筑的"场域"性结合。

繁杂的功能设置已着实不易。但是建筑师仍试图达成清晰的概念表达，创造出尽可能开放的"场域"。

功能的现实压力并没有使团队暂停设计探究，却成为了丰富项目的驱动力。在场域中为满足功能需求而设置的物体式形体并没有削弱主要概念，反而在统一的大框架下给设计带来了丰富的层次。为探究概念在实际场地上的呈现，团队开展了以"场域"与"物体"两种概念的叠加为基础的设计研究。

这一研究引出了四种针对"场域"与"物体"之间关系的可选策略。第一种，物体组成场域，一系列分布于场地上的实体构成统一的外部形象；第二种，以物体为场域，场域形成于两个起伏的水平向形体之间，这一策略将从内部为观者提供场域的体验，而从外部则呈现出物体的表

物体之场域

以场域为物体

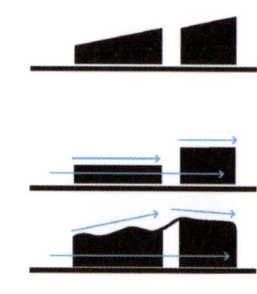

以物体为场域

场域即物体

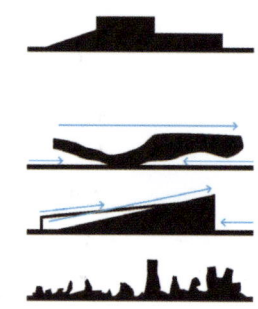

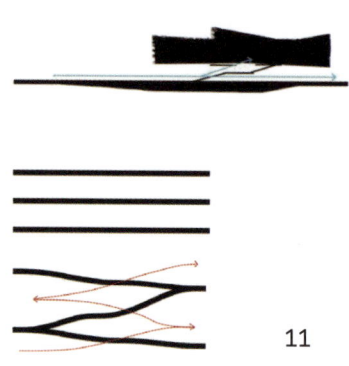

11

11. 由四种"场域 vs. 物体"概念延伸出的多种策略。

12. 一系列研究中国馆体量与具体场地文脉关系的实体模型。

现力；另一种策略是以场域为物体。在起伏的屋面上方和下方分别形成空间的场，屋面本身具有厚度，也可作为空间的场来体验，将概念贯穿到多个层次。

最后一种策略，场域即物体，也是团队最终选择的发展方向。这种策略在呈现强有力的建筑形象的同时，给场馆提供了建筑师所期望的开放、不确定的特质。其核心是在飘浮的屋面下方营造一个开放的公共空间，同时通过地面的起伏获得更多的剖面和空间变化。这一介于地面与屋面之间的场域将成为世博会公共区域的延伸。功能所需的封闭空间被处理成屋面下的实体体量。这些部分被尽量简化，使得整个建筑体验仍然呈现一种开放性的态势。

主导概念确立之后，建筑师又着手进行了一些针对世博会整体主题、中国馆主题或展馆功能需求的不同议题的探索。

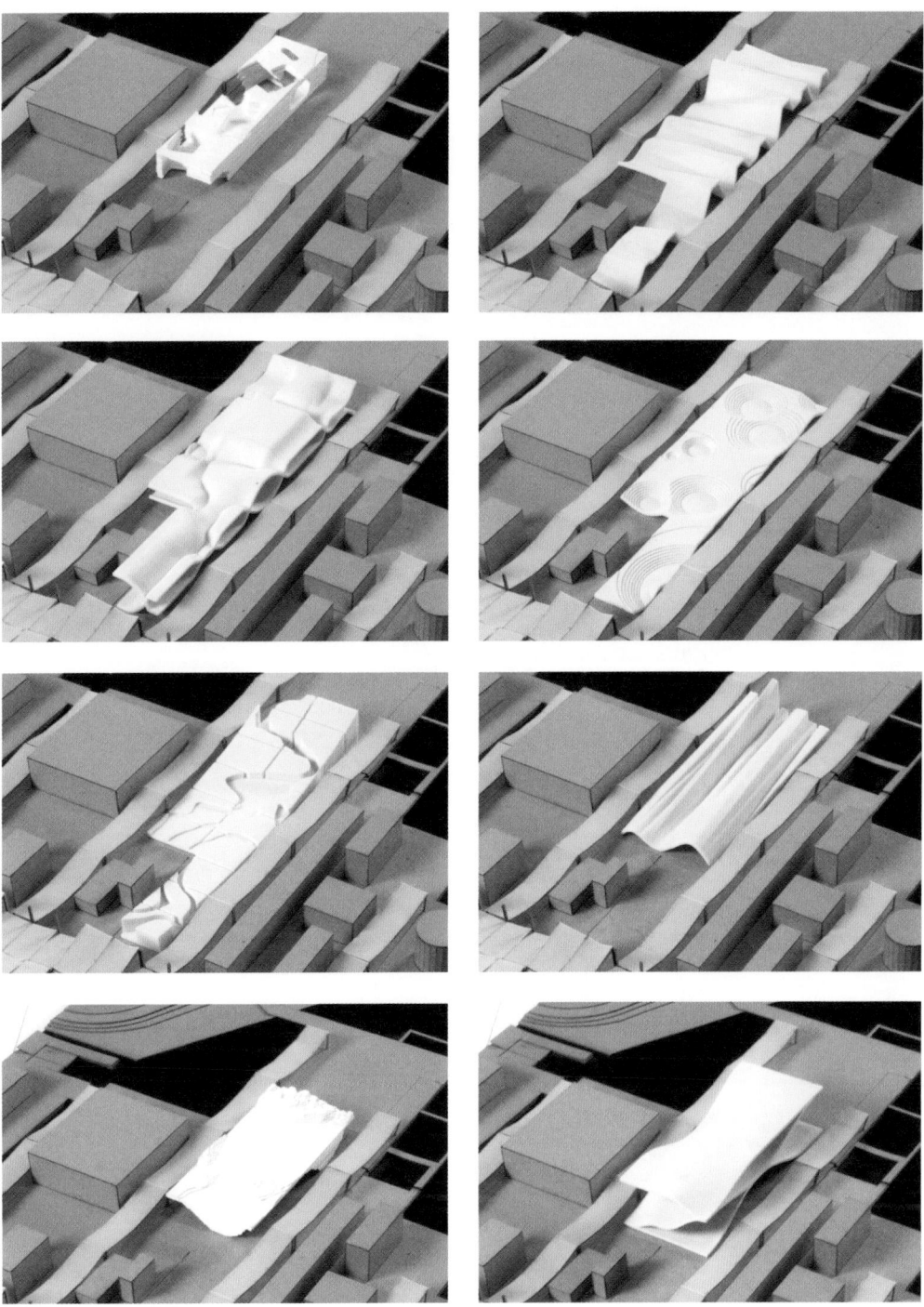

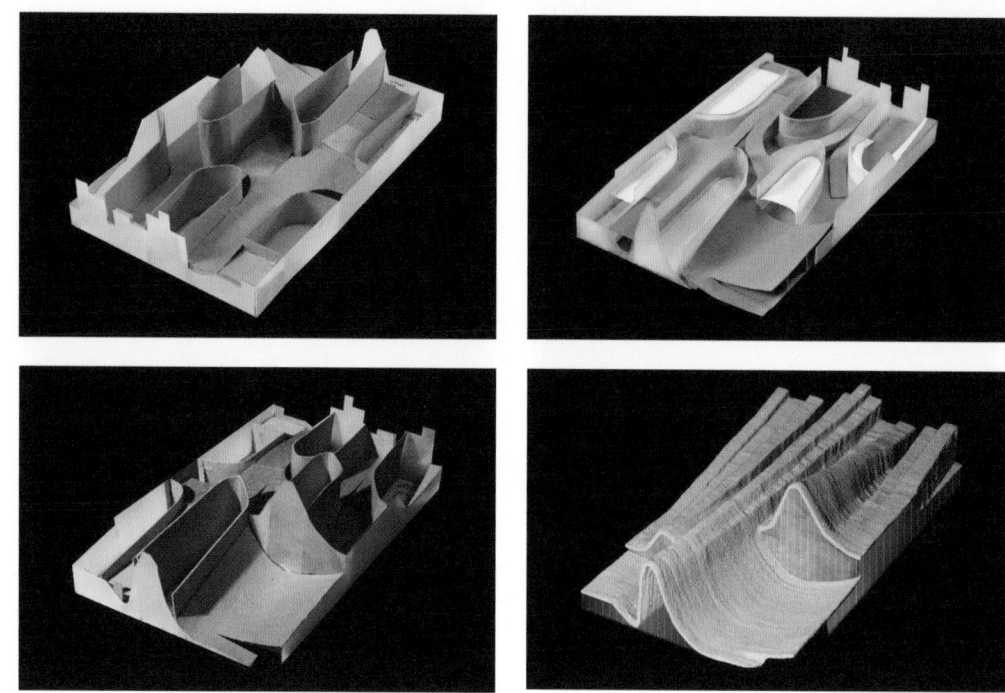

13

自然，形象，场域

场馆：理念

14

15

13. 项目初期屋面下功能布置研究模型。

14. 正在施工中的中国馆与远处的阿尔卑斯山开始"对话",自然天际线已经通过异形钢梁逐渐显现。

15. 从"自然"到"城市"概念图解,定义了中国馆的屋面形式。

整个项目的深化重点是飘浮的大屋顶。针对其形式和处理,团队用多个在生成策略和基地关系方面各不相同的方案进行比选。经过对一系列概念的慎重评估和推敲,最终得出了既能切合中国馆主题,又能突显南侧"软边"和北侧"硬边"对比的简明姿态。

屋顶的最终形式是通过两个不同的几何轮廓拓扑得出。北侧的城市天际线,是从北京中央商务区的照片中提炼出来的"硬边";而南侧的自然天际线,是从桂林的照片得来的"软边"——一折一曲通过计算机放样,共同创造出屋顶的形态。这一源于计算机语言的生成方法,契合了中国馆主题,隐喻着由自然与城市和谐共处所带来的"希望";同时,形式生成的方式也暗喻了当代城市与自然之间的复杂关系,回应了"滋养地球,为生命加油"的总主题。

16

自然，形象，场域

16. 拼贴剖面，展现了飘浮的屋面、景观以及两者之间的公共空间。

17. 景观映衬下的中国馆，逐渐下行的公共坡道将观众引向屋面下方的序厅。

18. 项目初期渲染图，与景观结合的多媒体装置。

19. 中国馆南侧部分实体研究模型。

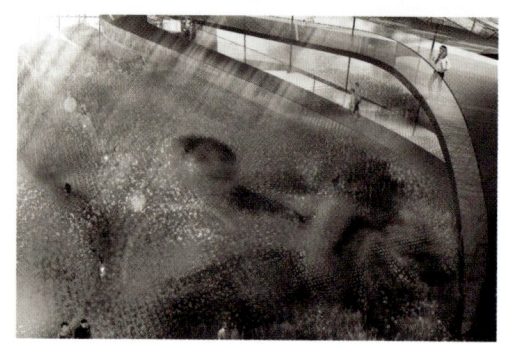

17/18

19

屋顶的设计也给表现中国文化传承提供了契机，这体现在多个层次。南侧的屋檐缓缓扬起，使人联想到传统亚洲建筑的屋顶轮廓，但并不以历史主义的手法参考具体的案例。另外，受传统瓦屋面启发，建筑师选用了特制竹瓦覆盖屋面。竹材容易获得、可再生，在中国文化传统中意义重大。最后，以胶合木作为屋顶主要结构材料也可以看作是对中国的木结构建筑传统的现代诠释。

另一个设计深化的重点是展馆的文化功能，这也是方案在竞赛中胜出的一个关键因素。地面层被处理成一个景观区域，表现了"田野"和"场域"的概念。这一区域的植栽参考了中国常见的农业地貌，也将许多展陈和装置功能结合在内。考虑到本届世博会对农业和粮食的关注，这种处理方式是非常恰当的。

通过对主要公共空间作下沉处理，使两个楼层都具有了宽裕的高度。这不仅为容纳功能空间提供了便利，而且在飘浮的竹材坡屋顶和地面景观之间营造了更多的空间可能性。

中国馆可以被看成是一系列流动空间所构成的场域。这些空间与屋面、景观和场地形成了不同的联系，由此所带来的各不相同的空间特征也成为了功能布局中的决定性因素。这些流动空间以一个编排过的线性序列串联，使建筑以欲扬先抑的方式逐渐向参观者"打开"。观众先进入下沉景观区，穿过主展陈空间，接着缓缓攀升至景观上方，体验到木结构屋面从自然向城市过渡所形成的空间张力。

2013年11月，中国馆设计竞赛结果正式公布，清华大学美术学院的设计方案脱颖而出。之后，

20

20. 设计竞赛阶段完成的一系列实体研究模型。

清华大学美术学院委托陆轶辰作为主持建筑师的 Link-Arc 建筑事务所承担中国馆的建筑设计和总体设计的工作。经过多方的全力配合和长达18个月的共同努力，中国馆于2015年5月1日正式对外开放。

对谈：参数化

对谈：参数化

丹尼尔·里伯斯金
Daniel Libeskind

您在实践中如何运用数字化设计呢？您怎样看待其他建筑师对数字化设计的运用？

里伯斯金：不使用计算机已经做不了建筑了。建筑师仍可以手绘图纸，但却没法将其建造出来。也有一些形式甚至无法用手绘表达。所以，计算机是非常强大的工具，它改变了我们所有人的工作方式。但是也有这样一种意见：数字技术将创造出新的建筑。在我看来，这与认为铅笔或者木凿木刻一样可以创造出新的建筑一样不着边际。

工具无法超越使用工具的人，它只是完成目的所使用的手段。我从来不将计算机技术用于博弈。有一些人相信建筑师能够通过编程来创造某一种审美，或者一整个空间系统。我不认为这样能创造出令人满意的建筑。这些建筑，和其他所有在虚拟界面中制造出的东西一样，是空洞的。我仍然以草图开始每一个项目。这种方法非常老式。我的设计从粗糙的想法开始；以梦开始，迟早需要引入现代技术将其实现。

我非常关注技术领域的新动向和技术带来的大量发展可能。但是我从来不用计算机进行设计，因为计算机的抽象世界很容易令建筑师迷失。比如，在计算机中画出一根线很简单，但这根线有多宽？多少厘米？许多建筑在照片上看起来很好，可能在街景的视角看起来也不错，但是人们仍然可以发现这些建筑是在虚拟环境中设计的，因为有一些东西缺失了。城市中有成片的区域是通过计算机设计出来的，这些建筑运行得很好，也很受人们欢迎，但是他们缺少了一种空间创造不可或缺的人为造成的不完美。

里伯斯金：绝对不。当然，我和其他所有建筑师一样使用着计算机。建筑不仅是理性的技术，它还是诗意的艺术，正如书法、拍电影和写诗一样。建筑的诗意性并不依赖于尖端设备存在。最好的旅行家中有一些从来没有离开过他们的工作台。虽然他们并没有亲身游览过任何地方，但他们是和马克波罗一样伟大的旅行家。

所以工具不是重点，目的才是。您想要做什么？原因是什么？为什么想要建造？意义又在哪里？

您是否认为这些新技术使建筑逐渐趋同了？

里伯斯金：不，并没有。但是这些新技术使得分辨真正关键的内容越来越困难了。举个例子，过去很容易能从作品集中看出一个建筑师是否会制图。而现在，作品集里任何内容都能够说却没法弄清。通过电子版的作品集，我们明这位建筑师的能力，因为任何人都能用工具做出相似的渲染图。所以，我们必须从其他方面去了解。通过观察他的双眼，揣测他的理

您不将自己的作品归类为参数化设计？

想,来辨别一张图像究竟是真实力的展示还是虚张声势。

不同地区对数字化技术的运用有没有什么区别?

里伯斯金:工具的类型有很多:有协调生产的工具,也有协调成本、材料或是实际建造的工具。这些工具如此强大,以至于我们能够在设计的同时完成曾经需要花费数月的工作。但是,这些并不足以成就建筑的完整意义。建筑,不只是材料和建造逻辑而已。

您是说数字化技术对施工有帮助?

里伯斯金:是的,有巨大的帮助。这和弹钢琴类似。会弹钢琴的人可以用钢琴来演奏任何曲目,表达任何情感。类似的,在计算机技术方面也有伟大的艺术家,我有幸见过一些。我并不是他们中的一员,我甚至没有一台自己的电脑。他们对数字化技术的运用是艺术性的,有美感的。但也有一些建筑师使用数字化技术只为节约时间。

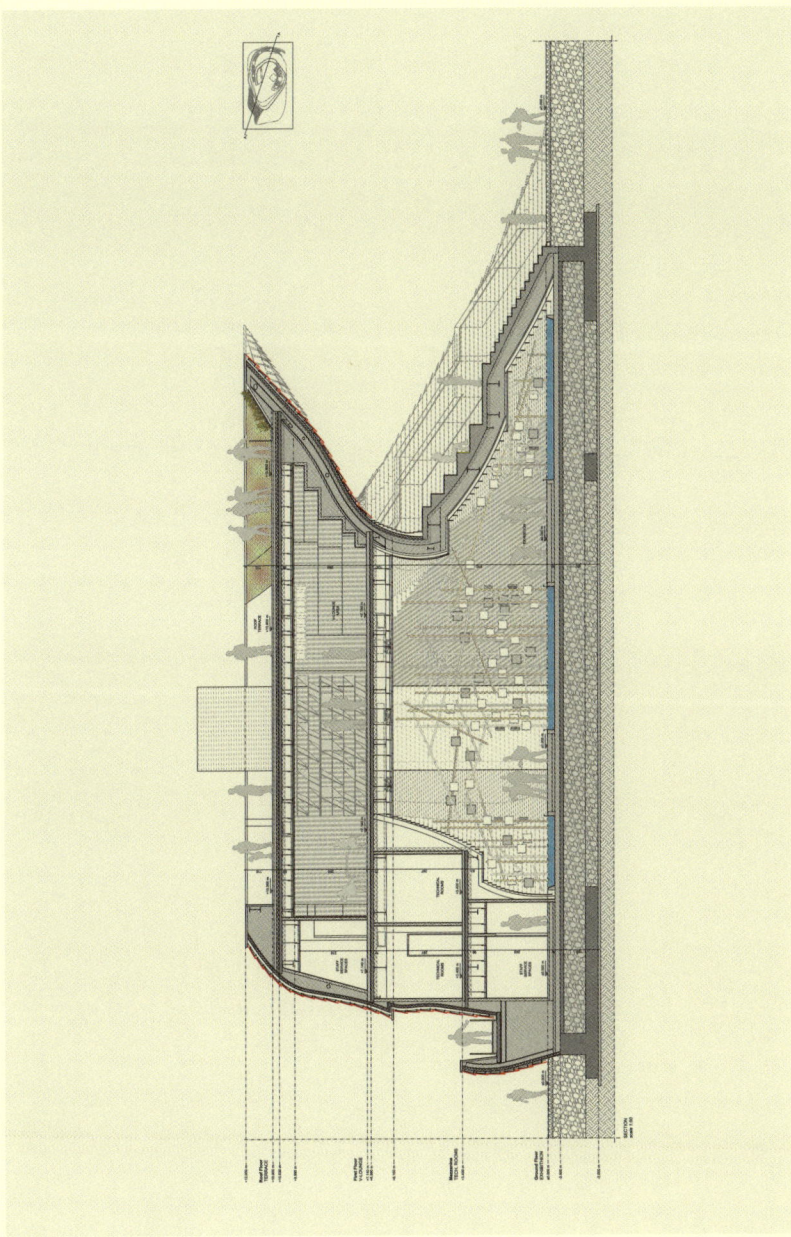

米兰世博会万科馆细部剖面,里伯斯金建筑事务所

钢琴本身并不能演奏乐曲,还需要有意图的演奏者。就算有了演奏者,单纯的技巧也不足以称为优秀的表演。即使是最好的技巧展示也无法动人,然而斯维亚托斯拉夫·里赫特(Sviatoslav Richter)演奏的巴赫意大利协奏曲则不同。尽管他在CD封面上写道:"我很抱歉,我在序曲和赋格中出现了以下的错误",但是他的演奏如此优美以至于对错已无关紧要。瑕不掩瑜,这些失误成就了优美动人的音乐。

数字化设计,特别是参数化设计,往往表现为流线型的、复杂的形式。一方面,人们担心手工艺的消亡。另一方面,设计中较为复杂的元素,像万科数字馆的陶片,或是中国馆的竹瓦,如果没有数字化技术将无法实现。数字化设计到底是促进还是削弱了手工艺的发展呢?

里伯斯金:我认为它促进了手工艺。这是非常积极的。我对此给予很高的评价。万科馆的形式相当复杂。尽管这个形式非常克制,但从视觉上可以非常明显的看出,它并不是在计算机中设计出来的。实际上,这个形式源自一个木

丹尼尔·里伯斯金的285张室内乐(Chamber Works)系列绘画之一

您提到，通过电子版的作品集无法判定建筑师是否会制图。您是否认为，总体来说今天的建筑师制图能力较差呢？如果是这样的话，由于对数字化技术的依赖，建造业是否也有同样的损失呢？

里伯斯金：我不认为这是一种损失。正是因为它，人们开始意识到制图的重要性。这就像电视机问世时，人们担心那是否会终结电影一样，或者⋯⋯

...或者纸质书。

里伯斯金：对，太准确了。一直有这样的预言，新技术的引进会造成传统的消亡。但是我认为，新技术的发展实际上带来了对传统的崭新理解。因此，我认为这是一种积极的发展。

这些社会性的议题是计算机无法解答的，是建筑的文化的问题。建筑设计决不仅是运用设备而已。

质模型和一些绘画。当然，如何使这样一个复杂的形体成立呢？屋顶陶片必须遵循这个形式。

这个问题无法通过手绘图纸解决。有一些勒德分子(Luddites)不支持技术发展，提倡我们回归手绘图纸。但是数字化技术并没有削弱手工艺，只是我们必须有创造性地对这种技术加以利用。我不赞同一些建筑师用数字化技术来掩盖空洞内涵的做法。这种技术造就了那些在明信片上非常精彩的城市环境，但是亲身前往的人们会发现，这些建筑即使外观出众，却很明显有所缺失。

技术无法独立完成任何创作，正如铅笔无法自己书写。工具需要被引导。谁去引导它呢？现在有机器人汽车，未来可能会有机器人建筑。按下按钮，就能创造出上百人的住房，甚至城市。但我认为这是一种反乌托邦。设计中必须有社会元素的参与。这种社会元素就是建造的意义。建造的尺度如何？建筑的意义需要向谁传达？

米兰世博会万科馆表现模型，里伯斯金建筑事务所

对谈：参数化

斯丹法诺·博埃里
Stefano Boeri

米兰世博会总体规划渲染图，博埃里建筑设计事务所，温室体系用以再现世界各地气候

本届世博会上，有一部分展馆专注于参数化设计，而世博会关注的是非常社会性的主题。您是否认为这种对科技和参数化的关注会掩盖对社会议题的关注呢？这两者之间是否有联系呢？

博埃里：米兰世博会的主题在于滋养——粮食的生产，在于如何为地球提供足够的粮食，和当下的一个悖论，即整个粮食产量的50%都注定会被浪费。这是世博会要求各参与国回应的全球性的议题。我认为，在这样一次博览会上，建筑并不一定具备传达这个议题的能力。

斯丹法诺·博埃里探讨他在米兰完成的高层住宅项目——垂直森林（Bosco Verticale）

对参数化技术的运用在世界范围内是否存在文化方面的差异呢？还是它已经成为了全世界通用的语汇？

博埃里：我认为，参数化技术作为工具的使用将始终与某种特定的审美抉择挂钩，尽管我们决不应该为审美需求而使用参数化技术。

在数字化加工方法的影响下，建筑的工艺到底是进步了还是退步了？

博埃里：这完全不重要。重要的是建筑的空间概念，而不是对最尖端软件的运用或是对机械制造工艺的运用。

对参数化设计而言，设计师是否过分着迷于外观而不是性能？是否过关注容器／结构而不是内容？

博埃里：当然。这样做带来了很大的风险。参数化技术本身决不应该成为一种语汇。

对谈：参数化

李翔宁
Xiangning Li

数字技术的应用对米兰世博会中国馆的屋面设计和建造至关重要。以您的观点来看，参数化设计将促进还是阻挠手工艺的发展呢？

李翔宁：参数化设计挑战了许多传统惯例，比如建构，即不同层次、界面和支撑结构的相互关系。表现这些不同的层次是参数化建筑师必须学习的。但是类似三维打印的过程中，在参数化和数字化建造技术中，不同层次间的划分被模糊了。表皮与支撑结构也可能融为一体。

但从另一个方面来看，如果我们对参数化技术应用巧妙，它也能和手工艺进行完美结合。举个例子，中国现在依然有许多手艺人在手工制陶，如果将传统制陶工艺与数字技术结合则能进行一些完成人工建造方法完成的工合运用。计算机将负责完成人类无法完成的工作。而在一些领域，人类能比计算机完成得更好。两者结合就能复兴这些传统行业。不仅如此，数字技术也为非物质产权的保护提供了新的渠道。我们能利用三维技术将已消亡的手工艺还原，也能通过三维技术模拟流程，作为手工艺教学的一种形式。

如果我们能巧妙的应用这些新技术，它们并不会替代传统手工艺。相反，两者能够协同发展，共同发挥作用。

您认为各个国家对数化设计技术的应用是否有所不同？您能够区别一个美国的参数化设计体系和一个中国的参数化设计体系吗？

李翔宁：我不这样认为。各个国家的参数化技术应用几乎相同。我们都在运用一样的软件，一样的平台，只是一些情况下应用的对象不同。这就像将相同的布料制作成不同的服装。参数化技术是一种工具，但它并不是目的。

未来，建筑学的概念将会不断变化，但是我不认为这会导致建筑行业或建筑师这种职业的消亡。

您认为参数化技术将使得建筑逐渐趋同，还是将使建筑更独特呢？或者两者都不？

李翔宁：参数化如今已变成了一个笼统的词。我们把它用在任何地方。举个例子，扎哈·哈迪德（Zaha Hadid）早期的作品，在帕特里克·舒马赫（Patrik Schumacher）加入她的事务所以前，并不能定义为参数化设计。那时，哈迪德手绘所有的渲染图，并没有运用任何参数化技术，只是手动创造出有趣形式。而舒马赫精通数字化技术，是他帮助扎哈解决了这些形式的实现问题。

参数化革命的意义在于拓展了建筑学的界限，创造了更多的可能性，正如弗兰克·盖里所做的。在他之前，人们相信建筑师只设计规整的结构。盖里并不具体操作参数化技术层面的工作，然而他采用类似参数化或数字化技术制作手工模型。我认为，并不是参数化技术挑战了人们对建筑的理解，其实是人们从直觉上将参数化设计与未来建筑联系在了一起。

世博会一直都面向未来，是前瞻性的。是否正是因为这样，世博会建筑才会强调数字化设计或数字化装配与形式创造？

李翔宁：我认为，当下在世界范围内存在着一种对创新的狂热。我们不认为我们已经拥有的是最好的，希望拥有更好的。但是很可能并不

中国陕西省的窑洞民居

是这样,我们能从可持续性的问题看出来。我们一直都在尝试创造新的可持续技术,但是我们制造太阳能光电板的同时也造成了许多污染。除此之外,我们组织了许多有关可持续的国际会议。所有的与会者从全世界各地乘飞机前往,实际上是很大的碳耗用量。为什么我们不能在网络上举行这些会议呢?

而在传统的中国建造方式中,存在一些非常低技的中国建造方式中,存在一些非常低技的手段,有效解决问题的同时非常节能,例如中国北方地区的窑洞建筑。这些建筑掩埋在土地或岩石中,冬暖夏凉,就像是被动式太阳能建筑。在当前的创新热潮中,我们也应该审视自己的心态,多学习这些历史与传统的知识。

回到您之前提出的当代中国建筑的关注点,您是否认为参数化技术能够在建造的成本和时间控制上提供帮助呢?

李翔宁:我认为一定程度上是有帮助的。中国已成为机器人的第一消费大国。在工厂中,它们被用来制造汽车等产品。这大大提高了生产效率,但是也带来了许多负面影响。现在劳动力的成本不断提高,机器人在解决成本问题的同时,也给就业带来了麻烦。

对谈：参数化

王澍设计的宁波博物馆外墙面，由回收的旧砖瓦和其他建造材料砌筑而成

我认为，中国政府在未来将加大力度发展机器人技术。我还不能判断这将是有利还是有弊，但是可以肯定的是，我们将越来越多的将机器人用于建造。

您的担心是这样一来人工岗位将被取代？

李翔宁：我认为在一开始会造成这样的影响，但是在不同的工业被重新组织之后，被机器人所取代的这些劳动力可以胜任其他的工作，比如制造机器人。劳动力将会被不断的调动和重组。

对建筑师来说，新的技术带来了许多益处，但是有没有什么弊端呢？

李翔宁：有两种工作方式。一些学者和建筑师专注于某一特定的研究方向、特定的风格，从不转变。

而另一些建筑师不断地变换着他们的建筑语汇和工作方法。他们具有很大的潜力。他们可以调动不同的资源，这使得他们能够到全世界各地去接受不同的挑战。当然，这也使他们面临自我定位的问题。一切皆有可能，最难的不是选择有限而是选择太多。

没有制约条件。

李翔宁：没有制约条件要从何选择呢？拿王澍来说，他的资源非常有限。他只在中国建造，运用低成本和低技术的手工艺。他可以专注于他的领域。如果一位建筑师在世界各地工作，他应该如何界定自己的研究范畴呢？作品应该解决哪些问题？

这里的担心在于自我的缺失还是作品深度的缺失呢？

李翔宁：大多数的国际化事务所，比如OMA，还是有其独特的理念的。他们面对的挑战在于如何形成一套属于自己的处理建筑的方法，自己的语汇，以便于不断探索和尝试某一个主题，并不断深入，再深入。

建筑师在第一个项目与第二个截然不同，有着完全不同的项目要求。建筑师若能将之前的想法自如的应用到新项目中自然是很好的，但同时也就会失去了创新的机会。

Link-Arc 建筑事务所
Studio Link-Arc

米兰世博会的许多场馆都运用了数字化设计和参数化设计。这些技术对中国馆而言有怎样的重要性呢？

Link-Arc：它们对整个设计流程而言非常重要。我们对数字化和参数化技术的运用跟其他大部分场馆不尽相同。对于我们来说，它们更多的是复杂设计流程的一个部件，而不是形式生成的工具。这些强大的工具在设计和施工管理阶段给予我们很大的帮助。

中国馆的屋面是一个相当复杂的体系。如果在二百年前的亚洲建造这样的屋面，也许要花上二十年。因为寻找合适的木材、屋面板的生产方式和装配方式将很费时，而设计和建造方法也都会更加原始。而现在，中国馆在短短的六个月之内就建成了。

运用参数化技术，我们得以在场馆实际装配前事先在计算机中解决大部分的问题。这帮助我们简化了设计，加快了施工进程并加强了对质量管理的把控。

如果没有这些数字化工具，在给定的项目周期中实现这个设计将会异常困难。最终在团队的努力下我们实现了最初期望的效果，也得以将设计转化成施工和加工团队能够完成的任务。参数化成为衔接各种专业和工种之间的纽带。

你们认为参数化设计为何总是表现为流线型的形式呢？到底是工具决定了审美还是审美决定了工具呢？

Link-Arc：对于许多建筑师来说，确实是工具决定着审美，但是这种做法从一定程度上降低了工具的可信度。许多参数化设计师只对形式问题感兴趣，而不关心其他的方面，一不小心就会演化成钻牛角尖。而我们的方法是试图将参数化理解为更大的技术合集中的一部分。这使得我们能够从更大的概念开始设计，然后再考虑如何将数字化设计运用其中。我们在许多项目中都是这样做的。

在中国馆项目中，我们从非常清晰的"自然——城市"的概念出发，创造出一个非常独特的形式，接着探求能够实现这个形式的方法。

如果没有这些数字化技术，你们的设计会不会呈现不同？是否可以说正是由于用参数化工具进行有理化实可行所以才设计出了这样复杂的屋面形式呢？

Link-Arc：建筑学院的教育训练我们通过平立剖面来设计空间，但空间实际上在此之前就已被构想出来了。剖面是表达空间的工具：通过一个剖面理解空间，然后再通过另一个剖面在脑海中拼凑出对空间的三维印象。通过实物模型，也可以对空间进行类似的探索。但在参数化设计流程中，所有的设计都是在一个总体建筑模型中完成，成为帮助我们观察空间、想象空间的手段。这时平面和剖面则成为了副产品，成为帮助我们观察空间、想象空间的手段。

对谈：参数化

中国馆室内研究模型

第二个问题很有意义。如果计算机不复存在，我们仍然可以建造这个场馆。但是，设计和建造的方式将截然不同。计算机向项目注入了精确度、细节和逻辑方面的品质。如果没有计算机，我们很可能需要更多的手工艺特质，最终的呈现将会有更多的手工艺特质，而不是精确的装配的特质。很巧合的是，由于工期紧迫，最终建成的中国馆在这两者之间达到了某种平衡。

因为时间有限，我们并没有在计算机里解决所有的问题，而选择更多次地去现场，"在地"做出设计调整和判断。这样做的优势在于：少了一些数字化的特性，建筑反而变得更为生动。

当然，数字化技术功不可没。设计获得业主认可之后，现实的建造问题马上接踵而至。我们最初的出发点是非常直觉性的，通过这些计算机技术实现了最终的效果——从抽象开始，逐渐具体和实体化。运用这些技术来实现复杂的形式是一次非常有趣的经历。

你们是否观察到不同国家对数字化技术的不同运用？参数化技术在美国、中国、英国或意大利有怎样的不同呢？参数化设计是否使得各国的建筑逐渐趋同？

Link-Arc：工具本身是相同的。但是，我们的确观察到不同国家运用工具的不同方式。比如，意大利有着深厚的手工艺传统，因此意大利建筑师并不完全信任计算机，对参数化工具的运用也是谨慎的、有选择性的；而在美国，更多的建筑师试图用参数化技术来限制个体的决策，尝试突破参数化工具的应用范围。

彼得·艾森曼的作品可以被认为是参数化的，尽管当时这样的定义还不存在。他在计算机技术被用于设计以前就已经在这样做了，在纸上用铝笔，或更准确的说，在硫酸纸上用墨水用参数化方法来做设计。我们是这样理解的，对于艾森曼来说，这样做的目的是为了将作品从设计师的手工的因素中解放出来。所以，将参数化将运用于消除人为因素在美国由来已久。

要充分理解不同文化对参数化设计工具的运用程度几乎是不可能的。运用方式的区别源于当地工业发展的不同阶段和状态，而不仅仅只受设计方法论的影响。比如，在美国实现一个参数化设计作品比在中国要容易得多，因为美国的加工行业在参数化技术方面更成熟，更容易获得定制的或实验性的产品，但负面代价往往是高昂的成本。

完成后的中国馆屋面竹瓦细部照片

对谈：参数化

上图：中国馆屋面竹瓦安装照片
下图：施工中竹瓦在防水薄膜上投下的阴影

我们观察到，由于数字化设计工具的使用和在施工过程中逐渐增加的工业装配特性，工人们逐渐丧失了手工完成建筑的能力，相反对用数字和工业化的工具来加工、装配建筑却更为自如。有人说：这可能是行业的最终发展趋势。但可悲的是，你可以发现越来越多的当代建筑，而不像很多古典建筑那样是"建造"出来的，而不是一"装修"出来的建筑不具有灵魂。

参数化设计导致施工与加工过程中人为因素减少，这是否也会使设计中的工艺品质逐渐消失呢？

Link-Arc：通常看起来如此，但也有例外。在中国馆项目中，我们运用了犀牛、Processing等数字工具，但使用这些工具的目的，却是为了传达光、空间、材料等建筑的基本理念。手工艺质感是中国馆设计中被强调的重要元素。这种手工艺的质感体现在屋顶的竹板片，体现在胶合木的肌理中，体现在木纤维板闭合成的外墙中——虽然是不同的材料，但它们有一种共同的精妙肌理和温暖品质。我们为实现这些触觉感受 (tactile sensibility) 花费了许多心血，而这种触觉感正是很多当代建筑中所缺少的。

这样看来，参数化能够使项目更精确，从而使各种手工艺能更自如的发挥。

Link-Arc："精确"是建筑中非常重要的品质，但却不是最终极的目的。有这样一种成见，运用了参数化方法的项目必定有流线型的、太空时代的外形，但实际上手工艺和参数化完全可以并存。我们需要到人类手工业源远流长的发展史中去找到参数化的出路。一种技术，如果不能与人的感受相联系，是注定要被淘汰的。实现中国馆呈现出的这种触觉感受对我们来说是一种挑战，找到合适的当代的方法来运用这些有悠久历史的现代材料非常困难。如果我们更多地运用现代材料，项目的实现将会容易得多，但最终效果也会大打折扣，与中国文化的联系也将被消解。因此，将数字技术与传统手工艺结合是我们从一开始就为自己定下的目标，这对最终的中国馆项目呈现也起了至关重要的影响。

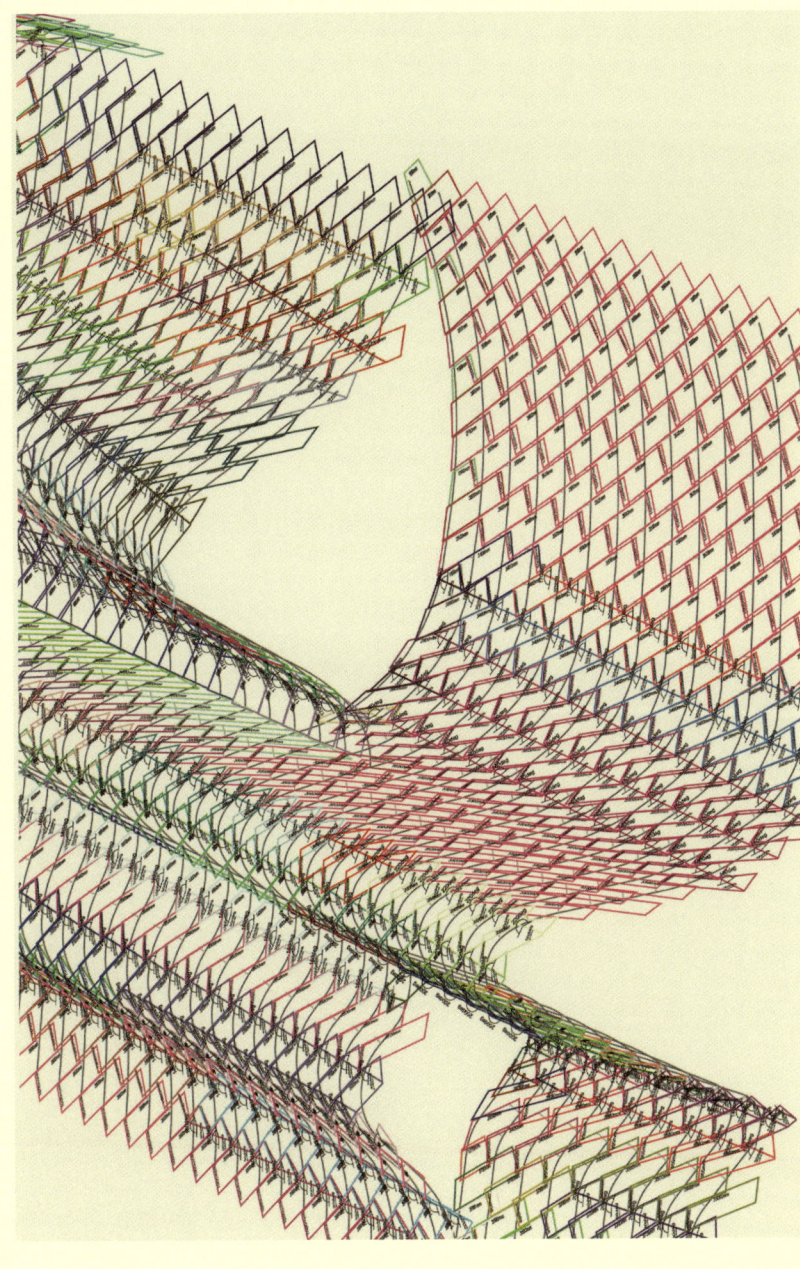

表现每一块竹瓦尺寸、角度与位置的中国馆屋面轴测分析图

各团队对同一个三维模型仍可能有不同的理解，而二维图纸更具备合同的效力。二维图纸在中国馆项目中是否仍是建筑师和施工方之间的交流工具？

Link-Arc：对我们来说，这个项目有趣之处之一在于尽管我们最终完成了一整套图纸，最终整个屋面技术性的协调都是通过数字模型来进行的。三维模型在呈现中国馆的建构系统方面比二维图纸要有优势得多，这个项目大部分的加工方也是通过模型而不是图纸来协调他们的工作的。

从另一个角度说，建造在许多方面要比其他的活动更具备社会性。它是多方参与的活动，包括甲方、开发商、施工方、加工方等等。二维图纸仍然是所有这些团队都能理解并使用的工具，也是一定程度上能在不同文化之间通用的设计交流工具。三维模型目前还不具备这样的普及性。

但是，这种状况无论在设计还是技术方面都在快速变化。我们也看到一些几乎完全依赖于三维模型交流的专门建造，而在实用层面

对谈：参数化

上，建筑信息模型（BIM）的运用也在不断发展。也许在未来所有的建筑都会由数字化加工生产。整个建造工业很可能正朝这个方向发展。我们也非常期待看到数字化技术对行业和建造环境的影响。

对中国馆这样的项目而言，一个剖面并不足以提供信息，即便画出500个剖面，每一个也仍然只是拼图中的一块。

Link-Arc: 正是这样。实际上，如果不用数字技术，这个项目根本没法在限定时间内完成。我们通过跨越三个大洲的团队合作在如此短的时间内完成了该项目，这也证明数字化设计和加工不再是未来主义的趋势，它已经成为了现实。

我们在设计过程中对计算机的运用是非常积极的。只要是对设计有利的工具，我们就会加以利用。计算机只是其中的一种工具。路易斯·康曾说，设计是从脑海中的"不可度量"（immeasurable）开始的。我们运用一种可度量的工具来设计建筑，来创造一个更容易控制建造的体系，最后的呈现要回归到一种"不可

度量"的精神层面的品质。这在当下是很难实现的。建筑师们很容易在参数化工具的强大能力中迷失，需要时刻谨记"不可度量"这一最终目标。

当人们步入中国馆，他们观察并感知空间，看到竹板上斑驳的光影，感受到开放空间中流动的宜人微风。中国馆的确是数字化设计的产物，但是我们不是为数字化而数字化。最终的目的，还是希望可以超越技术，实现建筑与人之间的对话。

参数化设计工具有两个可能的发展方向。一方向是普及到每个人的平价、简单的工具，人们可以在笔记本电脑或平板电脑上打开一个应用程序，打印设计，也许仅此而已；而另一方向，参数化设计更高端的运用是将之与人类的精神体验更直接地联系在一起。这一方向很难解释，但却是我们坚信的，中国馆正是对这一观念的一次宣言。

正在制作重的中国馆屋面模型，Link-Arc 建筑事务所纽约办公室

场馆：设计

从数字化设计到空间表达

跨越三大洲的国际合作与先进参数化设计的应用贯穿着整个中国馆从设计到实现的过程。Link-Arc 与位于洛杉矶的参数化设计顾问团队 ATLV 进行了紧密的技术合作。

屋顶的几何形态是由北侧的城市天际线和南侧的自然天际线放样而成。为忠实地还原最初参照的北京天际线与桂林山水的轮廓，竞赛阶段放样生成的屋顶形式比较复杂，有一些不规则的部分甚至影响到整体屋顶的可施工性。

在赢得竞赛后，Link-Arc 对屋面进行了有理化，将自然与城市的轮廓线抽象简化，这使得屋面形态更加自然舒展，下部的空间组织也更加清晰。有理化的过程也帮助加强了与场地的关系。简化后舒缓的南侧屋顶轮廓，使得从场地到场馆的过渡更加平滑。类似的，城市轮廓线的简化也使得北立面的刚硬棱角更为凸显出来。有理化得出的曲面最终定义了屋面的每一个部件，包括竹瓦、支撑件、防水层薄膜以及胶合木结构。

屋面竹瓦的设计从找寻简单的几何规律开始。Link-Arc 将屋面用东西向间距两米的轴线划分。然后通过叠加与这些轴线成一个角度的次级轴线，在维持清晰的屋面形态的同时，使竹瓦得以拥有脱离开屋面结构的独立形式逻辑。Processing 的运用使团队能够快速、准确地得出竹瓦的形状，并及时进行多方案比较。

从这一基本轴网逻辑出发，在参数化顾问的帮助下，Link-Arc 进行了一系列不同竹瓦铺设规则的比较，探究了包括尺寸、形式、与主要东西轴线所成角度等因素。运用参数化设计方法与数字建模、实物模型结合，这些不同方向的设计探索快速地展现出竹瓦的铺设规则对屋面

1

1. 项目初期渲染图,屋面竹瓦错缝布置,形成参差的南侧边界。

2. 表现屋面竹瓦、南立面及屋顶栈桥的项目初期研究模型。

3. 竹瓦铺设与屋顶几何面的关系研究。

外形、室内效果和光影效果的影响。设计研究清楚地说明,过分雕琢竹瓦的形式将削弱屋面形态的清晰度,并同时为后期的竹瓦预制和现场安装造成更多的不确定性和不必要的复杂性。因此,Link-Arc 挑选了以简单的平直长方形竹瓦为基本模数的竹瓦方案。

板材的配置方式确定之后,新的基础形很快就在 Processing 里被建立起来,确保竹瓦能够紧密的贴合结构网架和屋面形态,为进一步设计深化打下扎实根基。最终的基础形是建立在3.5米长、1米宽、与东西向轴线成60度角的竹瓦原型上。

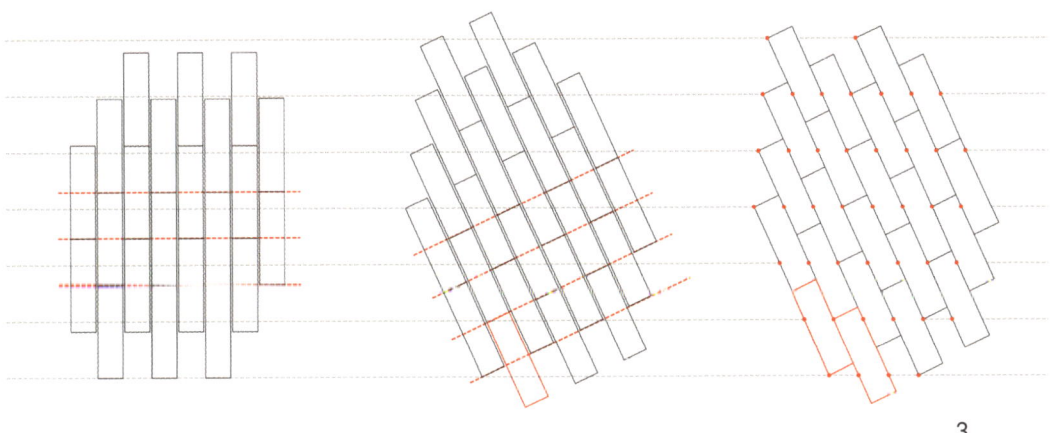

2

3

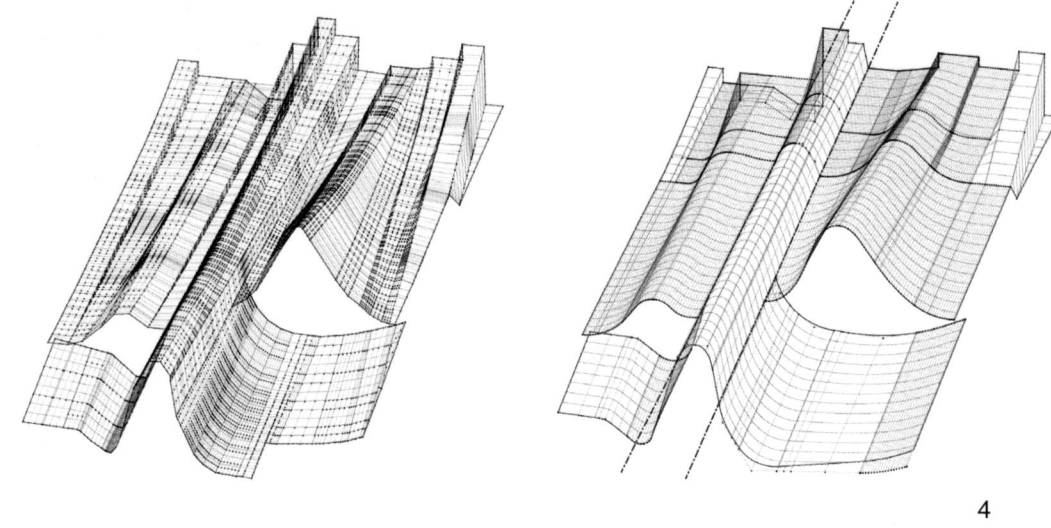

4

4. 一组表现屋面形体演进的分析图。左图：竞赛阶段的几何控制面；右图：最后用以落实的有理化后的几何控制面。

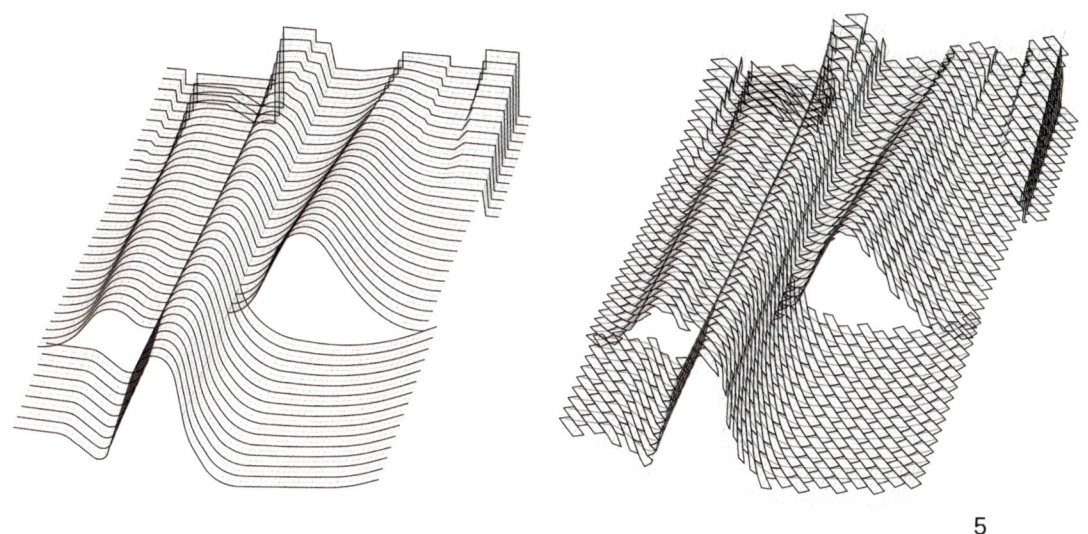

5

5. 屋顶几何面上的竹瓦布置。
左图：几何控制面上的基本格网；右图：有理化后控制面上的板材设置。

然而，平直的方形竹瓦和起伏的屋面形式存在着一定的矛盾。竹瓦无法很好的贴合屋面形态，在一些区域造成了与结构、防水层的冲突，这在凹凸转折较多的北侧屋面尤为明显。但是，如果要完美的贴合屋顶曲面需要对每一块竹瓦作专门处理、定制加工。在工期和预算内，让分包商加工、装配上千块各不相同的竹瓦是不现实的。因此，需要找到竹瓦在规律性和形式表达之间的平衡，不仅需要达到预想的视觉效果，同时又必须能在规定工期内加工和安装。

特殊板类型

最终竹瓦配置

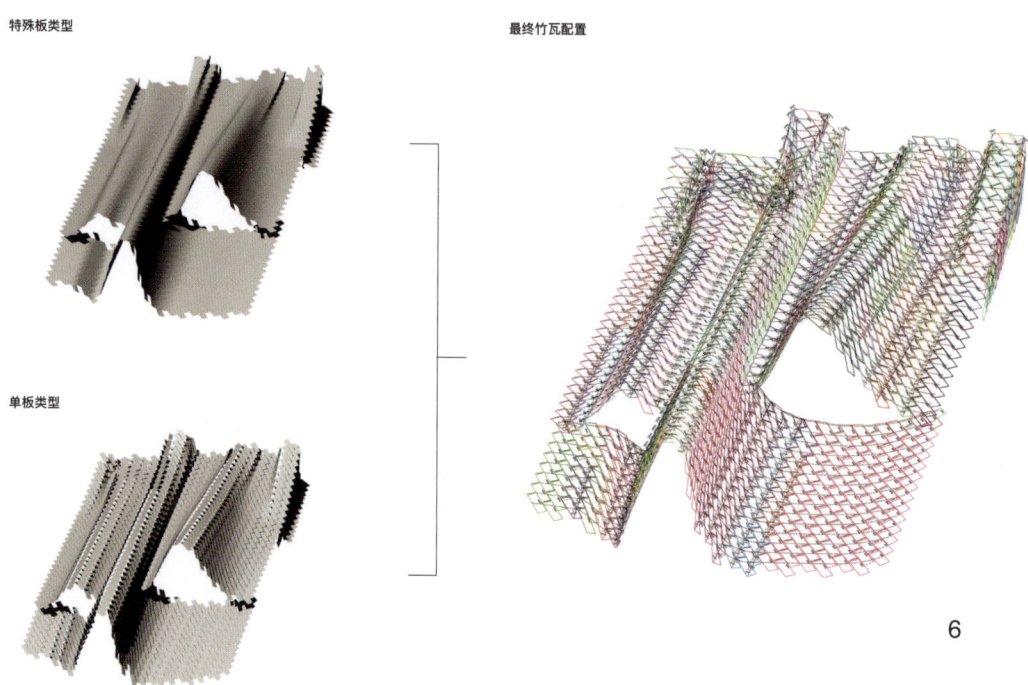

单板类型

6

从数字化设计到空间表达

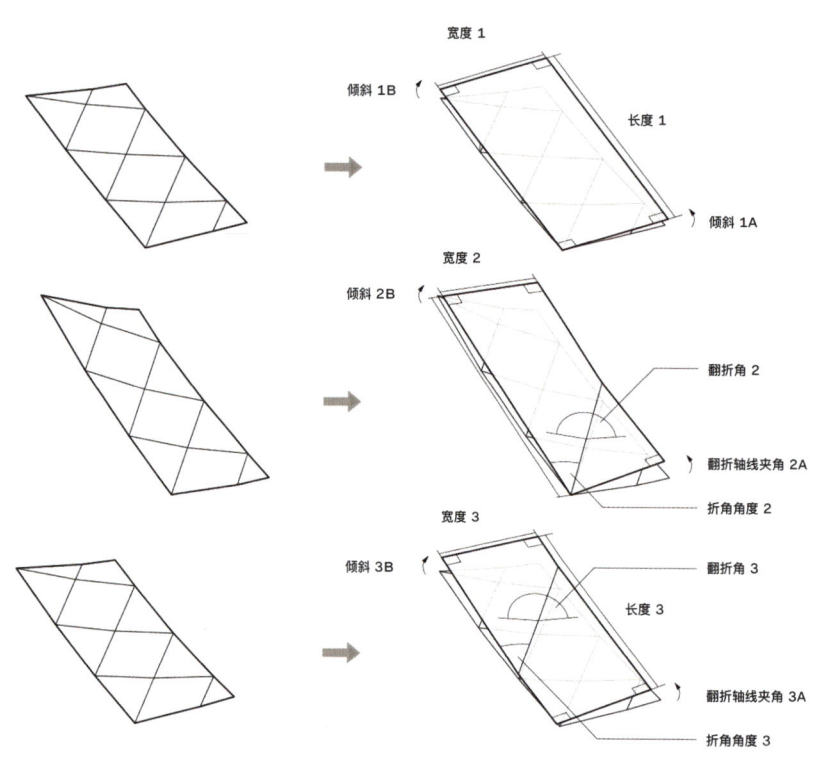

场馆：设计

7

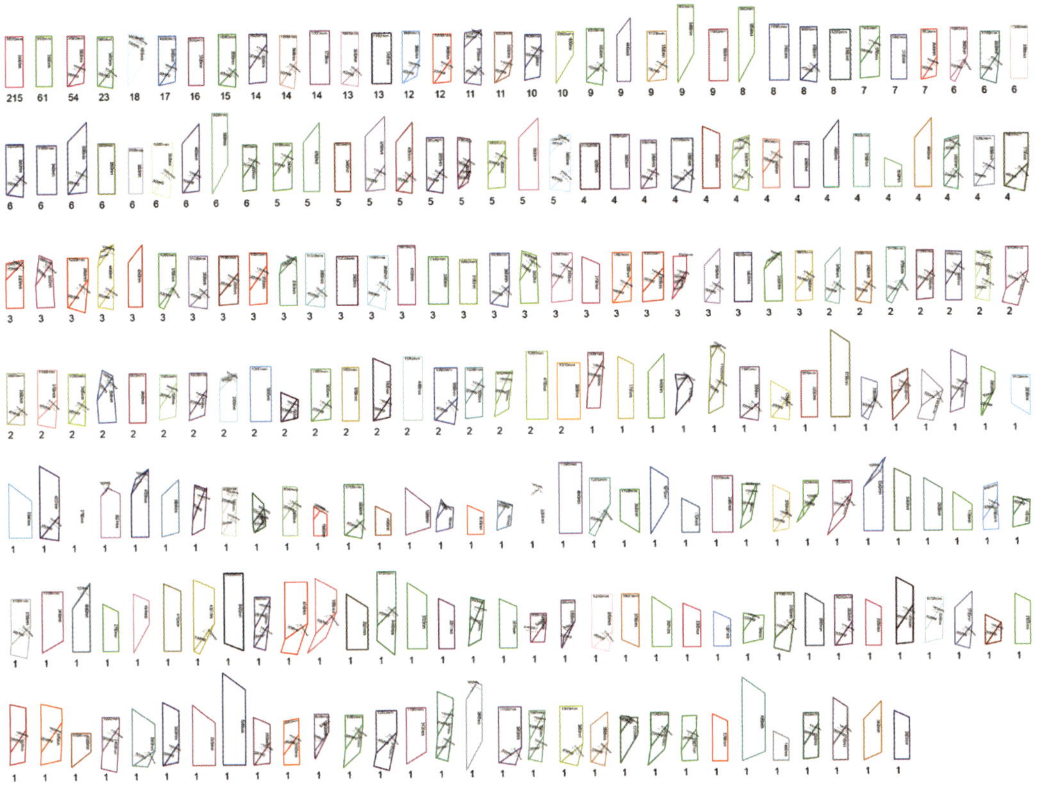

8

6. 屋面竹瓦类型研究。左侧上下两图为竹瓦不同程度定制化的备选方案；右图为最终成果，该方案在尽可能贴合屋面形体的同时，又能保证在规定时间内完成竹瓦的预制与安装。

7. 平竹瓦被折叠以拟合屋顶曲面形式。

8. 中国馆屋面最终竹瓦类型示意，1052块竹瓦共分为287种子类别。

Link-Arc 与 ATLV 开始在纽约与洛杉矶两地协同进行竹瓦的合理化过程，目的是在保证设计意图的同时，尽量控制竹瓦的类别。从这一时刻开始，团队的工作方法也由最初以编程为主导，变为以编程和数字模型相结合的工作方法。

为改善屋面形式与竹瓦之间的关系，Link-Arc 引入了新的竹瓦形态类别，分别是：平（Squared，缩写为S）、单折（Single Folded，缩写为F）、双折（Double Folded，缩写为FF）及切（Trimmed，缩写为T）。这种分类使得竹瓦更准确的贴合屋顶曲面，而控制子类别数量有助于提高预制效率。与位于意大利都灵的建筑工程总包 Bodino 工程公司一起，团队完成了最终的竹瓦配置方案——共1052块，分为上述四大类，共287种子类别。

从数字化设计到空间表达

场馆：设计

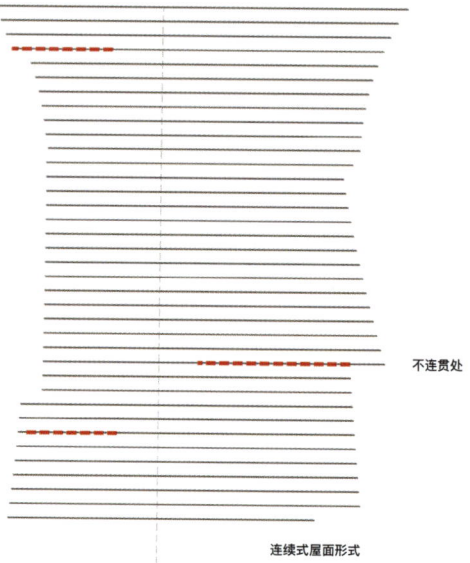

不连贯处

连续式屋面形式

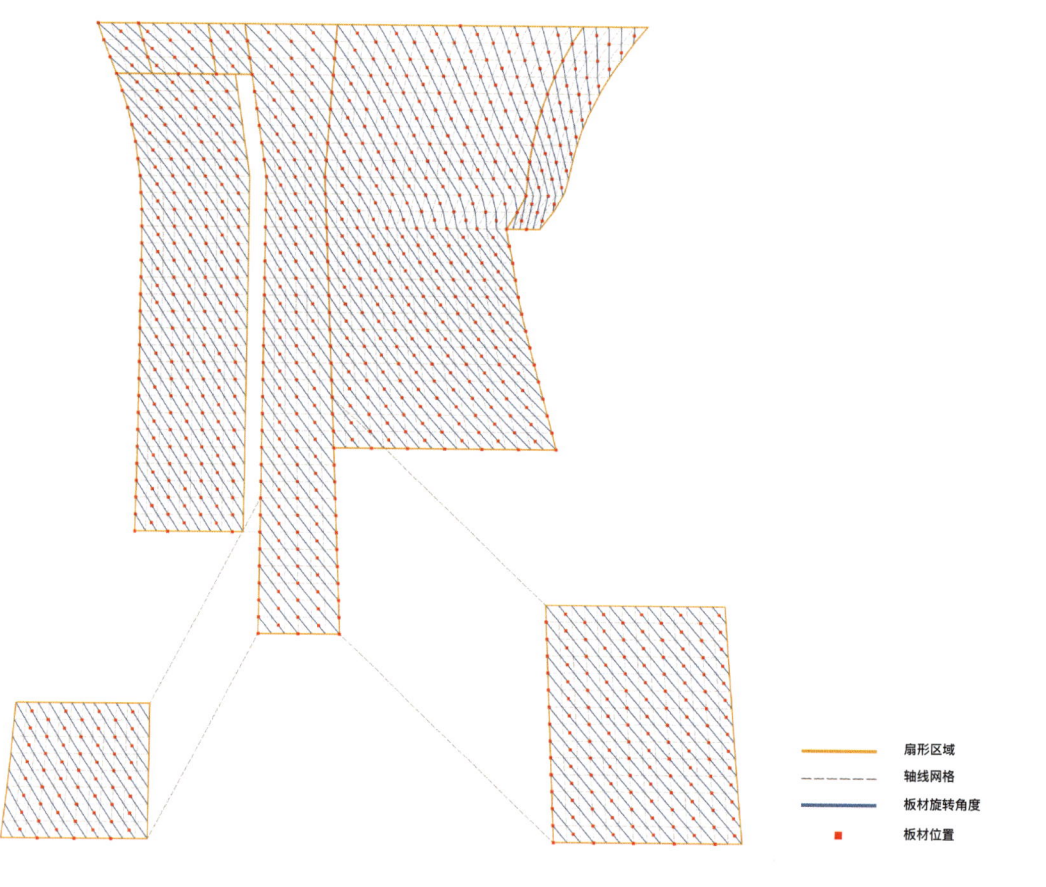

扇形区域
轴线网格
板材旋转角度
板材位置

板的分布位置的基础是均匀划分的结构梁。
实现了常规的屋面边缘和板材间平滑的流动。

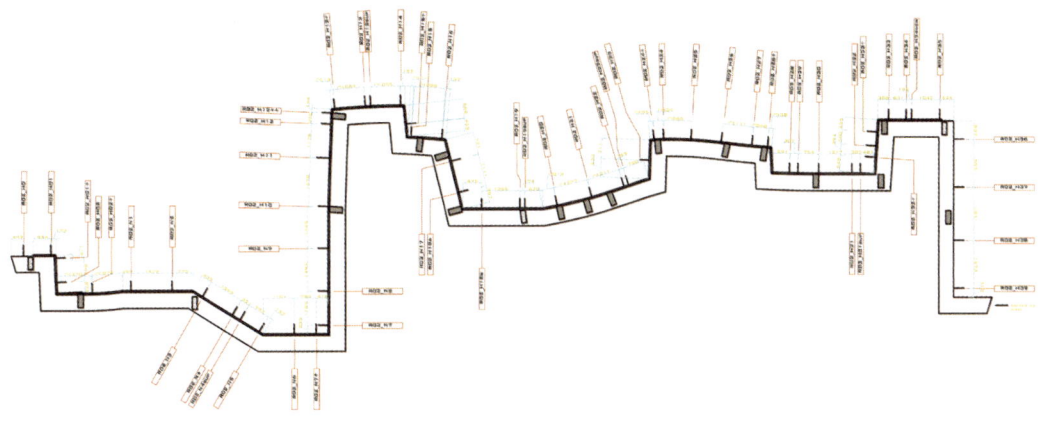

11

9. 屋面展开图，红色线条标注出为满足功能要求在屋顶曲面上出现的不连贯处。

10. 板材铺设展开平面图，竹瓦在划分成多个区域的复杂屋面上均匀连续的铺设。

11. 竹瓦支撑件在屋面北部的一条异形梁上的安装位置。

竹瓦合理化的同时，团队还需要解决竹瓦支撑件的设计问题。如何让这些固定于木梁上的构件在牢固地支撑上方竹瓦的同时，又尽可能避免穿透上方的防水层，在技术上是一个很大的挑战。与竹瓦合理化过程类似，Link-Arc 与 ATLV 需要将支撑件的类别控制在一定合理范围内，以按时完成加工、安装。

竹瓦与支撑件这两套体系的设计平行开展，互相牵制。为拟合屋面形态，简化一个体系势必造成另一个体系的复杂。比如，以单一的竹瓦形式覆盖屋面将给竹瓦的加工带来便利，但是竹瓦与木梁间距不同将造成支撑件类别过多；而统一支撑件长度的结果则是所有的竹瓦形态都各不相同。

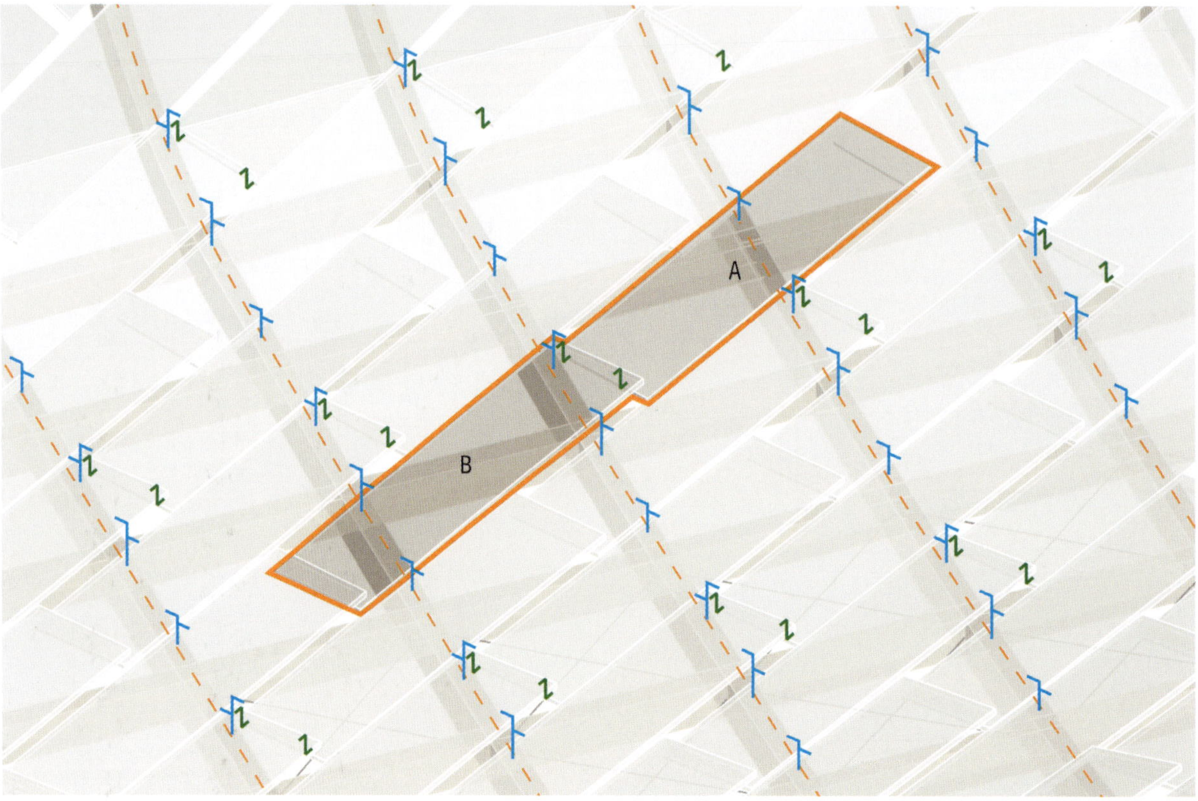

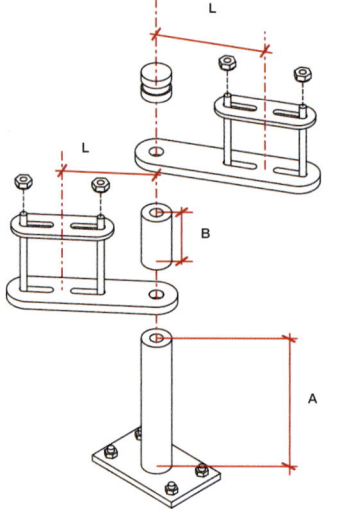

12

12. 主要支撑件类型，蓝色部分为安装在异形梁上的双支撑件，绿色为板间支撑件。

13. 典型双支撑件，红色尺寸为支撑件加工所需的四个参数。

13

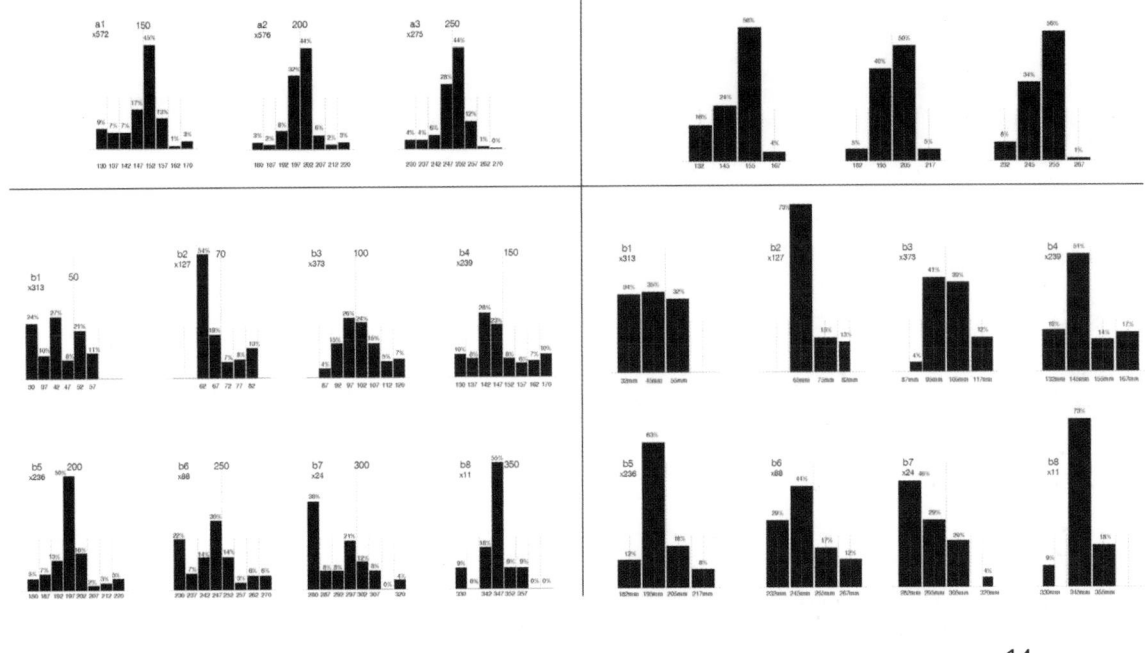

14. 支撑件误差取值与其所造成的支撑件部件类型数量研究。

支撑件的合理化过程也从内在的几何规律出发。支撑件被布置于竹瓦形体与木梁轴网的交点。这样一来，南北向的隐藏轴线也显露出来。尽管这一举措概念清晰，但最初应用却造成极其复杂的结果——支撑件几乎全不相同。

为此，设计与施工团队研究多种策略以减少支撑件种类。第一个策略是让一些支撑件同时支撑两块竹瓦，即将原本紧邻的支撑不同竹瓦的支撑件被合并成一个"双支撑件"；第二个策略是在典型的支撑件——竹瓦的连接节点中引入一定的容许误差：容许误差越大，支撑件长度的类别就越少，现场装配也越容易；第三个策略是在允许的位置增加更容易在现场调节的板间支撑件。最后，为进一步简化支撑件类别，南北向的支撑件轴线也做了调整。这一调整主要通过计算机实现，但一些区域，尤其是北部凹凸较多的屋面区域仍需手动进行调整。

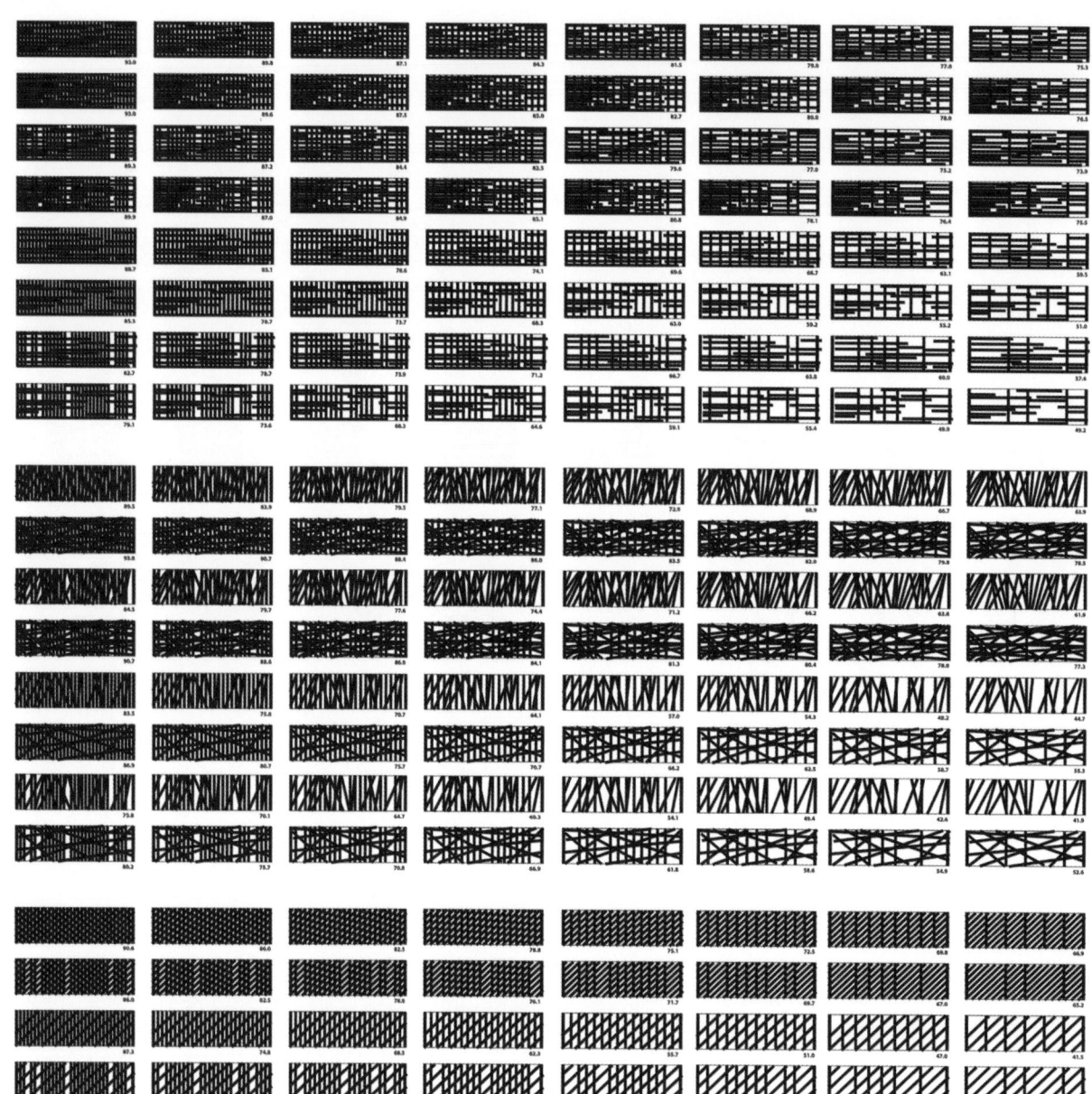

16

15. 基于三种几何规则的不同衍变与密度的屋面竹瓦肌理研究。

16. 实体模型，表现竹瓦肌理对室内空间光效的影响。

屋面设计的最后一个重要议题是竹瓦本身的设计。这个过程也与合理化过程同步进行，也是计算机与实体研究的综合产物。

设计团队希望阳光能够透过这些屋面竹瓦投射在半透明的防水薄膜上，为内部空间带来一种林冠下的光影效果。这将使观众感受到与自然的联系，体验时光流逝带来的光影变化，超越展陈建筑惯常的"黑盒"模式。

Link-Arc 通过大量的实物模型和数字模型，以整体建筑体量为基础，对竹瓦肌理和建筑外部形态的关系进行了研究。同时，团队又用一系列的实物模型比较了不同竹瓦肌理对展馆内部各空间光影的影响。

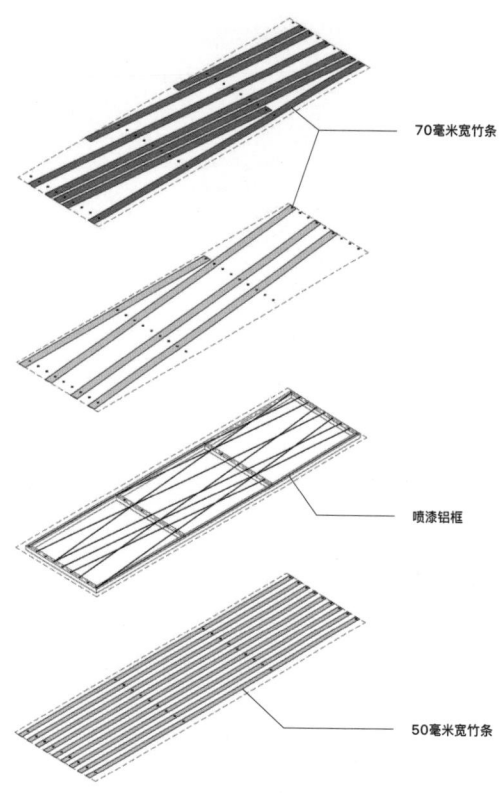

70毫米宽竹条

喷漆铝框

50毫米宽竹条

17

17. 竹瓦构造示意图，不同方向的竹条被层架于铝框架之上部与下部。

18. Link-Arc 建筑事务所通过一系列的模型研究探索屋顶竹瓦的安装顺序。上半部分的图片展现了通过交错支撑件使各竹瓦呈现不对齐的效果；下半部分的图片则探讨了支撑件对齐后的效果。

经过仔细的设计与检讨，团队最终确定了在焊接铝框上固定多层竹条的竹瓦构造。竹瓦的上下两侧被赋予不同的图案和密度：上层，7厘米宽的竹条交织排布，保持了整个屋面的和谐统一，形态清晰；下层，5厘米宽的竹条平行排布，以适应室内空间的近人尺度。

运用从 Processing 提取出的几何形态，Link-Arc 在纽约高效地完成了1052块、287种竹瓦类型的全套制造图纸。中国和意大利的加工商用这些图纸完成了竹条切割、铝框焊接以及竹瓦组装。

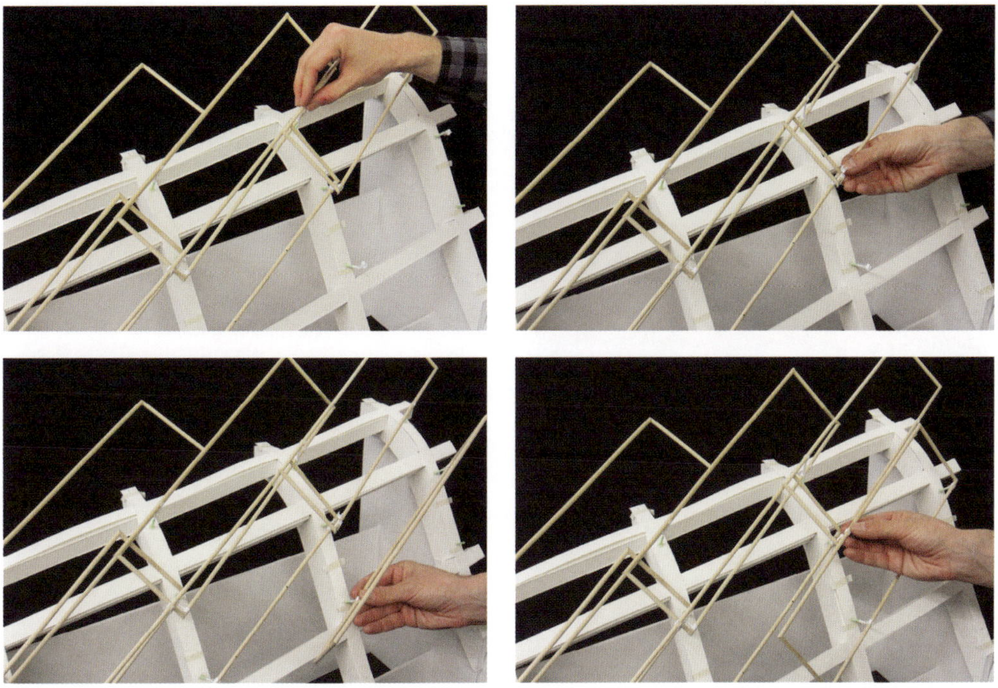

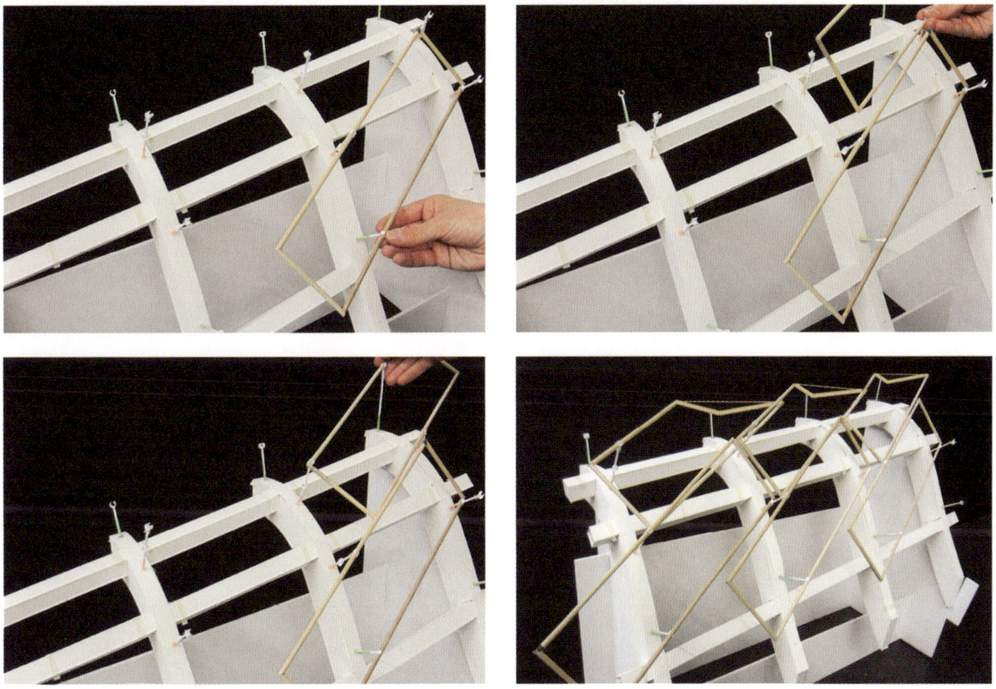

19. 表现最终竹瓦铺设方案以及竹瓦肌理的中国馆细部模型。

对谈：时间

对谈：时间

丹尼尔·里伯斯金
Daniel Libeskind

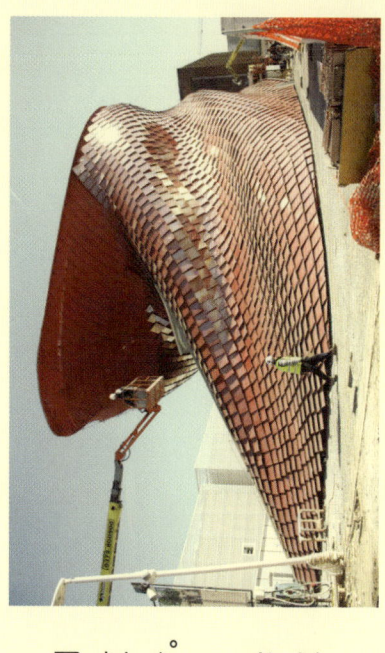

米兰世博会万科馆施工照片，里伯斯金建筑事务所

世界览会从很久以前开始就是推进新想法、呈现新进步的契机，比如1851年的水晶宫，在1939与1964年纽约皇后区举办的世界博览会。当时的展馆也同样成为了建筑史中的重要篇章。这种现象在近几届世博会上依然存在吗？

里伯斯金：仍以不同的方式存在。我认为，关键已不在于用尺度或数量打动人们。而是通过传达内容给人们留下深刻的印象。我欣赏米兰世博会的主题，它甚至超越了世博会主题的意义。我认为这种主题上的创新将引导未来世博会的发展。世博会不会停办，也不会变成虚拟的展陈。人们将会推陈出新，找到更符合未来的世博会模式。就像我说的，也许不是用最大的场馆吸引人们。

关注尺度与关注内容的区别在于参与性。观众渴望参与其中的一种民主的概念。他们期望了解新进步的内容，了解内容如何回应主题。在世博会各处参观时我都有这样的体会。

当下仍然是文化交流非常紧密的时代，不管是从设计领域，还是从文化、经济、社会或是政治角度。

里伯斯金：确实。

对世博会展这样的项目来说，很明显项目周期短，工期紧。所有展馆都需要在同一时间被建造完成。万科馆的施工过程是怎样的呢？您有怎样的体会呢？

里伯斯金：万科馆实际上是第一个在即未超预算又未超工期的条件下完成的展馆。当然，这要归功于我们在意大利的分公司——由我的儿子列弗·里伯斯金 (Lev Libeskind) 掌管的米兰里伯斯金事务所。我们不只是在纽约的参与工程，也在意大利当地工作，因为我们必须熟悉当地的供应商，建造商和当地的工艺。

世博会将国际和当地的建筑、施工团队联系在一起，因为远距离来实现一座建筑是非常困难的。建筑师必须了解当地的情况和专门技术。正是这方面信息的缺失造成一些场馆工期延误。我非常自豪我们做到了。

我对能在这么短的时间内在同一处完成这么多的展馆这一点充满了钦佩，这是人类创造力的一个奇迹，值得被赞扬。如何在这么短的时间内完成这样一件事呢？这是创造力的充分体现。

米兰世博会从2015年5月开幕到10月结束，仅举办了短短的5个月。您是否认为一方面以可持续性和食物为主题，另一方面又为一个临时的展览会耗费大量资源有些矛盾呢？

里伯斯金：世博会的概念之一就是通过运用可拆解再利用的材料，达成可持续性。万科馆的5000块陶片外形美观，深受大家欢迎，因此在世博会结束后被运往中国一些城市进行拍卖。选用陶片为材料正是出于对可回收、可拆卸的考虑。除万科馆外，我们还接受西门子公司委托，设计了四件名为"翼"的雕塑。它们在世博会后也会被运往四个不同的城市。

米兰世博会"翼"（"The Wings"）雕塑，里伯斯金建筑事务所

对谈：时间

从这个角度来说，本届世博会的策略是有效的。另一种策略是建造永久性的建筑，但是蒙特利尔世博会已经让我们看到这样做的后果。蒙特利尔专门为世博会建造了全新的机场，把整个开发项目最终失败了，因为投入的资金量太大，而整个开发项目也太刻意而为了。我们从奥运会上也得到同样沉重的教训。我认为这一届世博会在这点上也非常明智，但相信在今后的世博会上将涌现出更有效的方式。

里伯斯金：那是绝对的。我们最早的想法是将整个展馆在世博会结束后运回中国，但是意识到这样做效率并不高。更好的方法是，把它以一种轻质的方法建造，以曲线骨架的方式。万科馆的建造方式很有逻辑性，拆解也很简单，甚至可以在异地原样重建。整个结构是由螺栓和模数化的材料装配在一起的，我们为此探讨了许多实现方法。本届世博会与之前的许多世博不同。今天，不希望创造出无法加以利用的笨重结构。今天，经过展后区别，人们仍能看到那些菲利普·约翰逊设计的巨大构筑。那是属于另一个时代的愚蠢，在今天已经行不通了。

米兰世博会上也有许多建筑仍然是"永久性"的。毕竟，它们是花费6个月建造起的场馆，不只是一个简单的帐篷。这些展馆需要在几个月间接待大量的参观者。

里伯斯金：我认为这些建筑仍然是轻质的，首先它们并不需要应对极端的气象条件。其次，观众成千上万，但还达不到上亿。这些都意味着展馆建造和拆解方式仍然与永久性建筑不同。当然，场地中确实有一些永久性的建筑，它们会被保留，用以激活未来的城市开发。

可拆解的概念和如何建造可拆解的建筑是否在万科馆的设计过程中起到了重要的作用呢？

"翼"（"The Wings"）雕塑草图

里伯斯金：未来的世博会可能不是在一个地点的一处地上举行，而是运用整个城市，比如为城市创造优质的保障性住宅和新的公共空间，以弘扬社会正义；或者将世博会作为新城市建设的一次探索。即使现在，观众的活动也不仅仅限于世博园中。观众在那里逗留了把小时之后，会前往米兰市区，参观米兰大教堂和一些博物馆。

如果世博会不仅仅在一个地点举办，而

在那些像马赛克一般散落在城市中的亟待解决的基地上举办，不是会很棒吗？也许其中的一些会成为永久的解决方案，而另一些则是临时性的，共同以一种意想不到的方式更新城市，同时又为观众提供乐趣和启发。

抛弃原先那种用展会场地来代替城市肌理的做法。

里伯斯金：是的，从某种程度上。这是我在参观世博会时所想到的。

世博会在未来会有怎样的发展呢？

1964年纽约世博会,法拉盛草坪可乐娜公园的大地球仪装置

对谈：时间

斯丹法诺·博埃里
Stefano Boeri

从历史角度来看，世博会是创造前卫建筑的契机。一些为世博会建造的构筑成为了建筑史中的重要篇章。比如，我们今天仍在讨论水晶宫的重要性。展览或景观也能具有与建筑等量的影响力吗？

博埃里：我们的想法是景观也能具备纪念性，也能成为地标。我们规划方案的力量在于景观主题和陈列主题之间的契合；两者是同一的，而不是独立的。我们从一开始就反对将世博会变成斗怪争奇的建筑的名利场。我们更希望关注一个围绕着城市与乡村的辩证关系的概念，探讨这个概念在世博会有限的时段外的可能性，以及这个概念重塑我们的环境方面的潜力。

我们的方案的力量是基于概念和场所的共生。我们提出的总领处理原则同时也能包容各国应对食物供给问题所运用的变化和差异。

您对方案中的一小部分构筑物做了怎样的设想呢？

博埃里：我们的方案是建一座能容纳世界各地耕作方式的地球植物园，一座只有轻质和临时结构的大型农业园区。基于一种可马城市规划模式，这一园市都有迹可循的古罗马城南北和东西两条轴线划分。

然而，项目真正的挑战在于找到限制城市扩张的良方，将整个场地设想为米兰郊区的一处有着丰富生物多样性的复合的田园景观。而这本应该是本届世博会留下的最主要的遗产。

您已经观察了世博会展馆建造和拆除的过程。这些展馆是否遵从了原本的设定，以临时性建筑的方式被建造？

约旦杰拉什的卡杜马克思摩斯（Cardo Maximus）柱廊街道

博埃里：我感觉拆除的过程可能会相当漫长。我真心希望场地上不会留下不断壁下残垣；这些临时展馆本该被立刻移除，如果还余留下部分，将完全是自相矛盾的。这也是临时性建筑与永久性建筑之间的矛盾——临时性建筑试图冒充永久性建筑，而永久性建筑又不得不面临称为临时性建筑的风险。

我希望，作为世博会的遗产被延续下去将是我们创造的两条公共轴线，而不是"生命之树"这样的标志性结构。

在您看来，临时性建筑与永久性建筑的区别是什么？

博埃里：问题不在于区别本身，而在于如何保证并保持这些区别。我认为，临时性建筑无论在什么情况下都不应该冒充永久性建筑；永久性建筑也决不该因为成为临时性建筑的风险做出妥协。

米兰世博会场地拆除过程照片

对谈：时间

李翔宁
Xiangning Li

2010年上海世博会建设过程照片

米兰世博会是在极其紧张的周期内建成的，这也导致了大的资金投入。是否应该有可靠的拆除计划呢？

李翔宁：我们在所有情况下都想要重新利用，人们以为这样做必定是可持续的，能节省能源，但实际上，这需要视情况而定。一些世博会的展馆与场地的接触很小，整个建筑都是木构的，所有木材之间是通过灵活的节点装配的。世博会结束后，所有的部件都可以被重新利用，可以被运到其他地方，变成另一幢建筑的一部分。这是一种再利用。还有另一种是将建筑板原地保留，赋予它不同的功能。

上海世博会后，约七成的建筑板拆除了。尽管如此，之前没有基础设施的土地，在世博

2015年米兰世博会中国馆施工过程照片

会后，成为了成熟的待开发土地。这些土地被开发商抢购一空，而土地价格升高带来的收益就足以回收之前基础设施开发的投资。这是另一种值得考虑的世博会后场地和空间再利用的方式。

米兰世博会也这样做了；利用这个机会，为城市的一片待开发新区建造了大量的基础设施。

李翔宁：这要具体问题具体分析。针对这个问题很难给出统一的解决方案。我曾经在上海策划过一次双年展。我委托几位建筑师设计了临时的展馆。这些展馆引起了不错的反响，所以就保留下来，成为了小型的文化中心或是画廊。解决方案要视经济情况而定。在中国，对土地和空间仍有大量的需求。总会有人愿意出资租用这些土地或空间。在这点上，奥运会设施并不是一个很好的例子，而世博会要更成功一些。原因是奥运会馆只适合超大型活动，而世博会场馆的规模更为适宜。

对谈：时间

上海世博会云展馆，原本计划为临时建筑，后被保留；丹麦SHL建筑事务所（Schmidt Hammer Lassen）

所以，到底什么是临时和永久建筑之间的区别呢？临时的结构却仍然必须达到永久建筑性能的90%。

李翔宁：我不认为两者间有显著的区别。我曾经写了一篇关于当代中国建筑城市化的关键词的文章。不确定性是其中非常重要的关键词之一，因为建筑师无时无刻都在冒险。灵活的、能够容易拆解的建筑需要更高的建造成本。最后，也许无法实现灵活性，但是多花费的成本已经无法挽回。这和买机票的问题类似——一般来说提前预定票价最低，但是有时在最后一刻会有非常划算的低价票，而这意味着必须愿意承担风险。在中国，凡事变化太快。你永远没法预知。即使签订了合同，项目仍然可能变化。建筑师可能接到一个一百万平方米的项目，但业主并不知道建筑的用途和功能。那这个建筑只是以供出售的空间，可以有任何用途。如果有人买了它开设小型的学校，那这个空间就变成了一所学校。如果有人用它开设了诊所，那它就成了诊所。

您之前提到中国应该发展的一种可以更快地被建造、使用寿命也许不长的建筑，您能再详细说明一下吗？和现在正在被建造的建筑有哪些不同呢？

李翔宁：我认为最主要的不同在于是否有明确的意图。这和艺术一样。杜尚在画廊里展出了一个小便器。其他人也可能偶然在空间里布置小便器，但那不是艺术。意图是至关重要的。

建筑师从来没有将低造价作为探讨的核心或是意图。建筑师应该考虑造价低的原因，如何充分地利用有限的成本。不确定性是一开始无法预知的建造条件。中国的建筑应当将低造价作为一种限定因素，而且使之成为寻求不同于西方国家的策略的驱动力，来巧妙地设计出有灵活性的建筑。

上图：1893年芝加哥哥伦布纪念博览会上的摩天轮
下图：为1851年万国工业博览会建造的水晶宫

Link-Arc 建筑事务所
Studio Link-Arc

筹划和建设如此大型的世博会，博览会或双年展斥资巨大。我们在临时性的活动上花费如此大的精力又带来了怎样的文化方面的收益呢？

Link-Arc：世博会的文化影响力正逐渐递减。芝加哥的1893年世博会在当时意义重大，给流行文化和设计发展都带来巨大的影响。而为1889年世博会建造的埃菲尔铁塔成为了巴黎的标志。同样，水晶宫也是近现代建筑史上的辉煌篇章。

而到1939年，纽约世博会只带来了短时间内的强烈影响，人们如今看到的仅有呈后区的几座不断衰败的构筑物而已。随着时间的流逝，它的文化影响继续减小。现在为世博会建造的构筑很可能已经无法对今后二十年的文化造成任何影响了。

为什么世博会的文化影响会越来越小？

Link-Arc：当世界不同地区的联系越来越紧密，全球化越来越盛行，世博会也不再只是单一观点的表达了。世博会更多地关注各展馆独特的文化表达，更多地关注多样性和独特性的视角。这种发展是很积极的。芝加哥和巴黎的世博会曾一度用建筑来投射西方的文化形象。在法拉盛草原上举办的纽约世博会则通过现代主义来表达乐观主义。

这些展会都只表达了单一的文化形象，而建筑是表达途径中最重要的元素。这一定程度上是由当时的文化潮流决定的。世博会曾是文化专制的产物。从这一角度说，当前世博会上视角的多元性是很积极的进步。然而，这也导致当代的世博会的文化影响越来越小。

建筑仍是现在的世博会不可或缺的一部分。作为实体结构的展馆到底具有怎样的价值呢？

Link-Arc：建筑仍是每一届世博会最主要的展陈元素。各展馆用各自独特的方式应对主题、迎接观众。比如，一些展馆设有专门的贵宾区

对谈：时间

施工中的2015年米兰世博会中国馆航拍照片

参观者从二层景观平台观看麦田装置

域，普通观众无法进入；而另一些展馆却体现出更为开放的公共性。这就是不同国家文化和社会价值观在建筑上的体现。

我们相信参观者可以从每一个细部、每一个节点中琢磨出一些什么。这才是建筑的真正价值，是无法从网络中得到的体验。要想了解一个建筑，必须亲自参观，亲身体验，与之互动。正是与网络浏览的对比，才更凸显出来临其境的意义。

还会有人记得第一次世博会的状况吗？大家只记得水晶宫的影像，也都知道埃菲尔铁塔没有任何一个米兰世博会展馆能有如此大的影响力了，即使是意大利馆也做不到。现在的世博会整体作为一个作品，而每一个主题的不同应对是作品中的一个组成部分。观察每一个展馆在经济、政治和人文关系上代表的不同立场才是很有价值的，只有亲身体验才会有所感悟——无论你认同与否。

大家对巴黎世博会的印象仅存于埃菲尔铁塔，而其他那些不复存在的部分早被忘却。米兰世博会是一次临时展会，人们是否会记得它呢？

Link-Arc：那些从全世界各地前往米兰参观的人们一定会记得这届世博会，他们也将把这些回忆传递给下一代。因此，对世博会的长期记忆还是会以某种形式存在。

然而，因为场地随后会被清理和重新开发，对建筑的记忆的某一个时刻也将慢慢消逝。在这里，将不会有以前世博会场地那样的适应和重组了，也不会有通过时间建立起的价值层次了。米兰世博会的场地将被完全清理，重新开始，就像是一张白纸。世博会本身将会以文件、录音、摄影的形式存留。在几十年后，也许仍然对一小部分人有意义。但由于实体的残留较少——只有意大利馆将被保留——2015年米兰世博会最终还是将会淡出人们的记忆一和世界上的一切事物一样。

这并不是针对世博会唯一可行的策略。北京奥运会的场地保留了大部分的建筑，整个园区变为公园，成为了北京市民生活中的重要部分。这说明，世博会的设施如果不完全拆除，也有机会成为城市的长久性记忆的一部分。

对谈：时间

2008年北京奥运会后场地周边的市民生活，背景为国家体育场

城市为奥运会等体育盛会建造了比通常需要的大得多的建筑，世博会的展馆的规模则小一些。世博园区的构筑物和园区在未来面临怎样的发展计划呢？

Link-Arc：对于世博会场地在博览会结束后的用途存在几种不同的先例。1964年的纽约世博会场地之后被改造成了一个公园，许多场馆被拆解并在其他地方重建。非常有意思的是，其中有一些到现在仍在被使用。我们对由此引发出的关于历史、场所和地点的议题很感兴趣。

米兰世博会的场地将会有不同却相似的发展前景。最初这里是一片农田，这给全部新建的场馆带来了一定的便利。现在世博会结束了，长期的计划是将此区域开发成一个办公和商业区。基地的区位势优势明显，通过紧邻地的火车站，半小时即可到达米兰市中心。总体规划将米兰世博会场地作为起点，期望促进周边区域的开发——它将成为未来城市扩张的中心。为便于此项计划的实施，世博会的主管部门要求各展馆便于拆除。参与方需要将各自场地还原到几乎原始的状态，就像展馆从来不存在那样。

上图：皇后区艺术博物馆，最初为1939年世博会纽约城市馆

下图：2015年米兰世博会意大利馆，世博会后仍在继续使用

世博会园区中完全没有永久性的设施？

Link-Arc：除意大利馆将被保留外，所有其他的部分都将被拆除重建。

世博会场地紧邻米兰国家会展中心，这有助于此区域的未来发展。另外，政府还新建了高速路、步行桥等基础实施以连接场地与周边区域。场地位于米兰郊区，过去一度交通不便。新的基础设施将改善交通联系，相信也能吸引投资，激励开发。米兰世博会场地将被用于创造新的城市发展，这是非常积极的。

国家馆是数百万人参观和使用的建筑。尽管是临时的，但仍然是建筑。如何设计出临时但足够坚实、禁得起使用的建筑呢？

Link-Arc：临时建筑所需要的施工技术在建造行业内已经非常完善。然而，这种建筑需要能够快速装配和拆解，往往比永久建筑更昂贵，所需设计周期通常也更长。

真正的挑战是如何平衡这些不同的因素——工期、预算和设计——以实现恰当的建筑策略。这对正常的永久建筑而言已属不易，而尽量减少对场地环境的影响的同时要维系这种平衡就更为困难。

而这个项目的短暂特质也给我们带来了特别的机会，实现一些在正常建筑中无法实现的操作——我们取消了绝大部分外墙，让场馆向全部四个方向开放。这不仅加强了我们希望实现的"场域"的特质，而且帮助室内空间在夏天实现自然通风。中国馆中大部分的空间利用了自然通风和竹板屋面的遮阳，在没有机械通风系统的情况下仍然舒适。为此我们还获得了世博展馆遗产大奖的"循环利用杰出奖"。从这个角度说，是中国馆的临时性要求驱动了设计。

中国馆的技术和实用性在实现完全的临时性变得困难。然而，我们在设计切入点和形式上些问题纳入考虑，从而在设计初期将这获得了更广的选择余地。

有哪些具体的操作是你们尽量避免的？这些操作的替代方案又是什么呢？

对谈：时间

中国馆施工过程照片

Link-Arc：世博会组织方希望尽量减少现场焊接，但从工程周期和造价角度考虑，这是无法避免的，但我们尽量控制到最少，中国馆大多数的钢结构都是螺栓连接。

我们将屋面竹板系统设计成了多层次的体系——各部件独立，以便安装和拆解。张拉后的PVC薄膜被用定制的型材固定在梁上；这些型材发挥了巨大的作用，既固定了PVC薄膜，又固定了竹板支撑件。加工方将型材以长条形——几乎是每根梁上一根的长度——运送到现场，然后以一天三根的速度将其用螺栓安装到位。竹板的安装同样快速，前后仅用了一个月，也是通过由螺栓固定的环形连接件与支撑件相接。这种连接对于施工误差容忍性和施工便利性而言都有益处。

我们将屋顶设计成施工人员仅通过扳手就可安装和拆解的构造。这也意味着屋顶的施工不需要当代工中常见的填缝剂、粘合剂、密封剂。结果是，竹板在拆卸过程中将毫无损伤，所有的部件也能被再利用。整个场馆的装配和拆解过程就像是宜家家具一般直观和便利，这也是我们在今后的项目中所追求的。

场馆：建造

制造与营建

中国馆建筑的加工、装配、和建造的过程只有短短的6个月时间。能够在2015年5月1日世博会开幕时如期完工，要归功于由业主、清华大学、建筑师、工程师、意方总包、承包商和当地施工人员组成的国际化团队在数月内的紧密沟通和有效协作。

中国馆的屋面结构是完全暴露的胶合木结构。受到中国传统的"抬梁式"建筑的启发，团队用当代的工程技术创造出公共功能所需的大跨结构。其最大无柱空间的跨度达到了37米，而通过精算的竖向结构也非常之纤细。木结构屋面与首层展览空间"脱开"，从视觉上似乎从场地上飘浮了起来，体现了概念表达所需要的开放性。项目同时参考亚洲建筑传统中室内隔断不一直贯通到屋顶的做法，让各种空间互相流通、融为一体。

为将概念贯穿到项目各层次，结构设计也需要强化从"自然到城市"的过渡。木梁的形态来自于从屋顶几何形每隔两米提取出的"切片"，每一个切片记录了从"自然"到"城市"过渡过程中的一个静态瞬间，使观者能从中清晰的读出项目的概念。如同艾蒂安－朱尔·马雷（Étienne-Jules Marey）或是哈罗德·埃杰顿（Harold Edgerton）的即时摄影，结构序列中的每一根梁都是整体动态序列的一帧，在空间中呈现出凝固的动感。

结构部件的深化也烘托了建筑概念。东西向的木梁较深，而南北向的檩条较浅，突出了从南到北的屋面形式变化。屋面的结构设计同样离不开与国际化的专业团队的合作。纽约的 SGH 结构事务所（Simpson Gumpertz & Heger）与位于意大利的该项目的执行建筑师 F&M 工程公司配合 Link-Arc 将屋面结构概念变为现实。

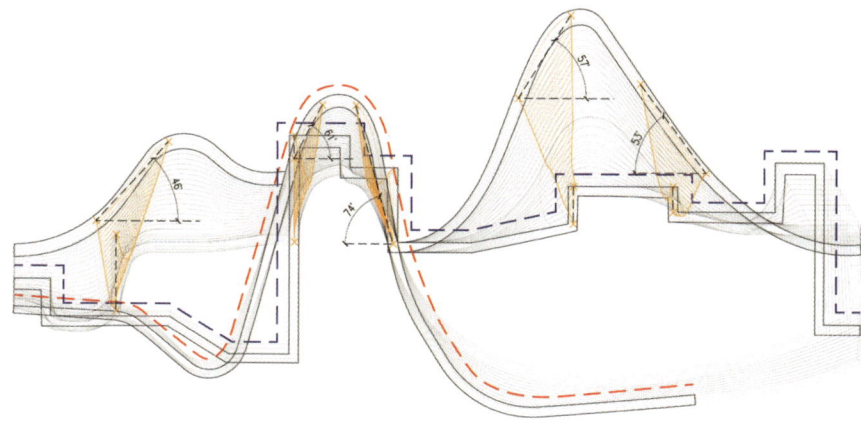

1

2

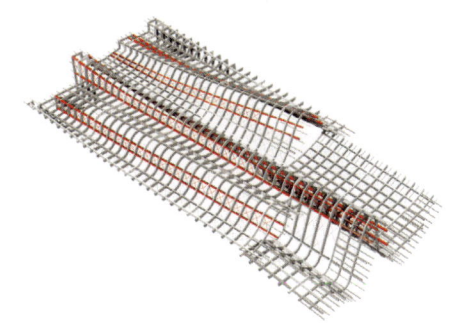 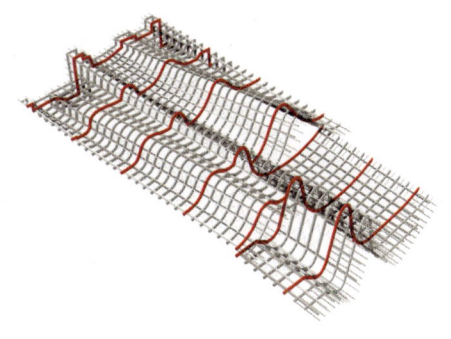

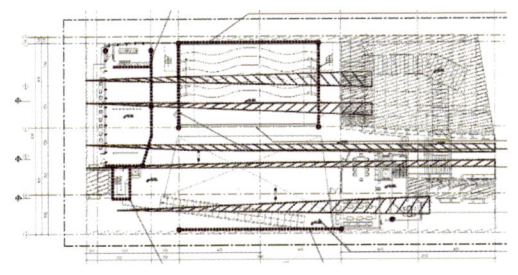 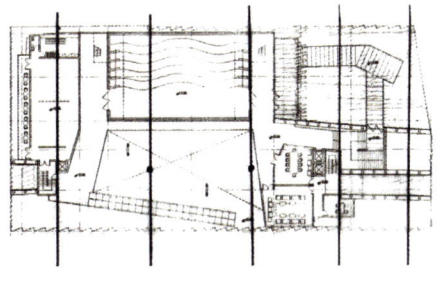

3

1. 异形梁立面形态演化，从城市天际线（蓝色）到自然天际线（红色）。

2. 艾蒂安－朱尔·马雷的记录运动员撑杆跳高过程的连续摄影作品。与之相似的，中国馆屋面的异形梁形态为从自然到城市过渡中的"切片"。

3. 项目初期屋面结构分析图。右图：主要受力异形梁；左图：与屋脊结合设置的南北向桁架。

在设计过程初期，建筑师期望实现轻盈的结构体系——在理想情况下，木梁应控制在400毫米高。这样的结构高度加上屋面的复杂形式，意味着屋面结构将需要通过以下三种策略加固。第一个策略是加固木梁本身。木梁中将加入贯通钢筋，并用环氧树脂固定，使两者能够共同作用，形成刚性的屋面结构。一些作为主要受力元素的梁和檩条将被重点加固，而另一些结构部件则需要较少量的加固件或完全不需加固。第二个策略是引入圆杆斜撑体系。这些斜撑被置于屋面较垂直的部分，以增强结构效率，增加结构跨度，完全避免在主展陈空间内柱子的设置。最后，每一个屋面结构节点需被设计成刚性节点，这样所有结构元素作为一个整体，能有效的将结构所受侧向力传递到垂直的柱和剪力墙。

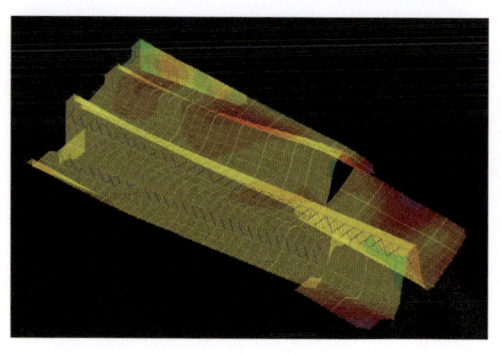

4

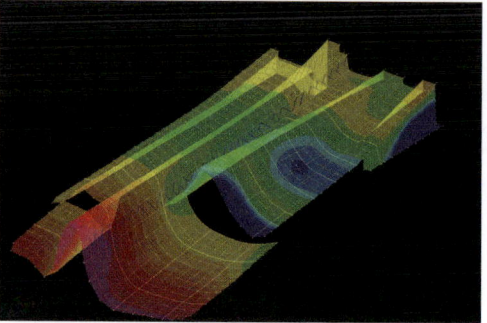

5

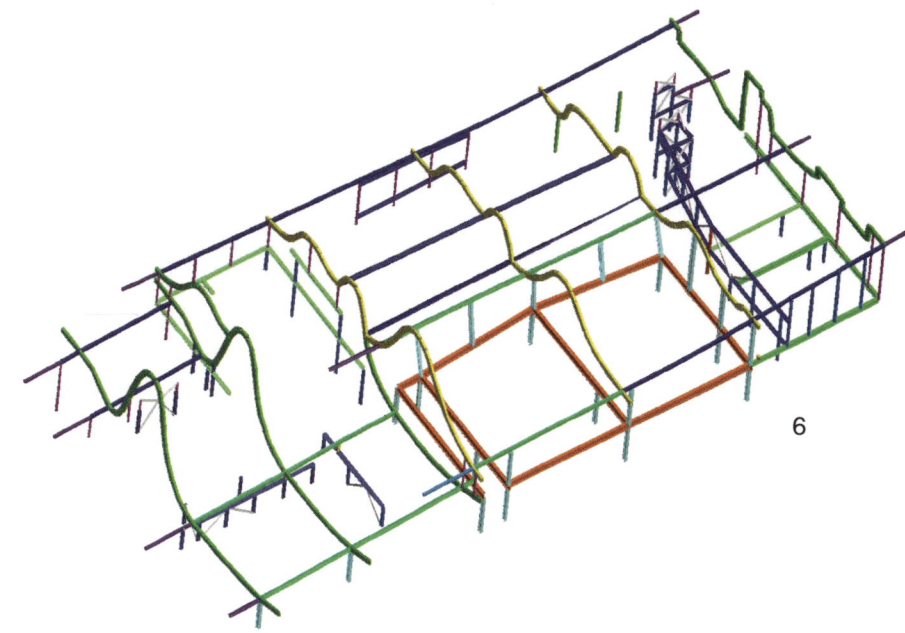

6

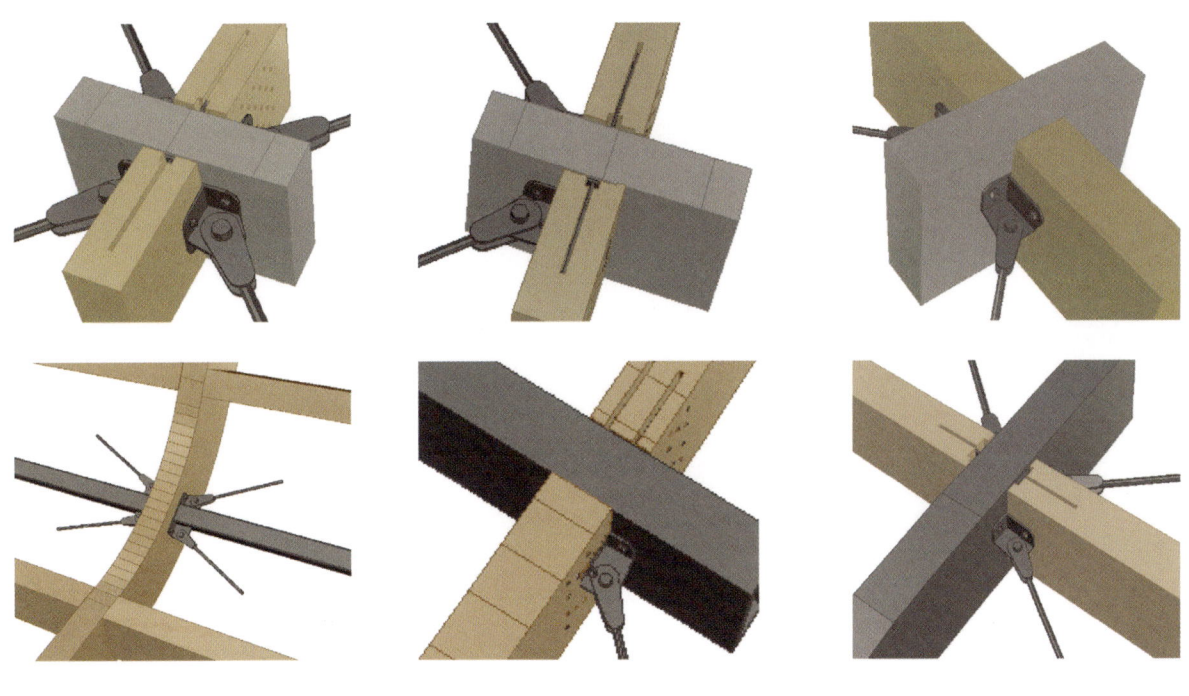

7

4/5. 竞赛阶段屋面结构挠度及预拱示意图。

6. 屋面异形梁与檩条构成的钢结构网架以及屋面下方主要钢结构构件。

7. 木材加工商完成的节点细部模型，也是项目三维模型审阅过程第一阶段的主要内容。

然而，在后来的设计阶段中，团队意识到完全实现这一结构提案十分困难。在木梁内嵌入贯通钢筋将给加工过程带来大量的额外步骤。另外，结构高度只有通过使用更高强度的木材才能实现，而这种材料无法及时获得。因此，基于项目紧张的预算和工期，为简化加工和施工，团队提出了一些修改举措。第一个改动是将主要受力元素变为全钢结构，引入一个由钢梁和钢檩条构成的钢结构体系。第二个改动是加大结构高度，将原本400毫米的木梁改为560毫米。

这些改动为项目创造了一些便利。先竖立钢结构，以其作为木梁安装过程中的支撑，这样尽量减少了下方零时脚手架的设置，使下方空间能够同步施工。同时，新加入的钢梁和钢檩条大大加强了屋面结构的刚性，因此木结构元素之间的刚性连接可以被取消，典型的梁檩节点得以简化。最后，加大结构高度使结构能够使

8

8. 一些列展现屋顶胶合木结构制造过程的图片。图片分别展示了（自左上方顺时针）：预备固定胶合木的钢模具；CAD/CAM数字加工；切割出连接件预制槽的梁；带斜撑的梁檩节点足尺模型；钢构连接件；胶合木板通过模具固定风干。

用容易获得的标准强度的胶合木材，而木梁内部的贯通钢筋也不必要了，简化了木梁的加工步骤。

加工进程在结构深化完成后立刻开展。考虑到屋面的复杂性和工期的紧迫，常见的二次施工图的审阅和批准程序基本不可行。所以，意大利、纽约和中国的各团队之间确定了通过计算机三维模型检查深化设计的工作流程。意大利木结构加工商 Stratex 基于 Link-Arc 的总体建筑模型完成了木结构的 CAD/CAM 模型。深化后的典型节点三维模型被反馈给 Link-Arc 与建筑模型进行比对，避免了数目庞大又无法显示结构与空间关系的结构二次施工图纸审阅。典型节点的设计被批准后，整个屋面结构的深化迅速开展。

结构方案简化后，木结构部件的加工仍是一个

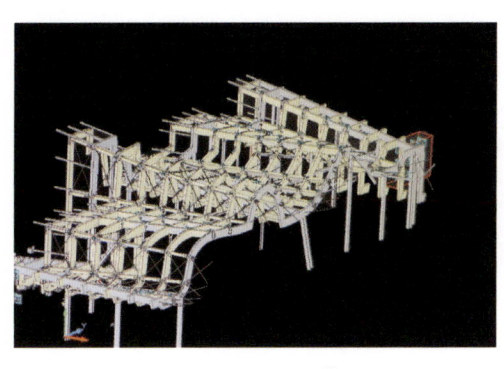
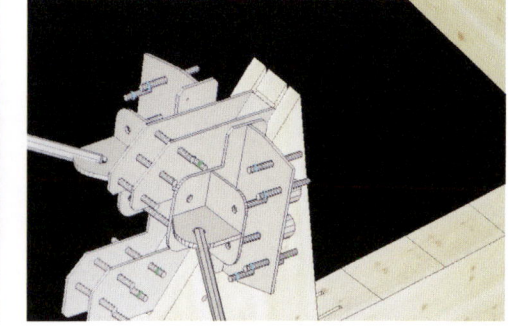

9
10

9. CAD/CAM 模型展现了最北侧的木结构及钢椽。

10. 1400个节点之一的内置钢板的 CAD/CAM 制造细部数字模型。

浩大的工程。檩条随着复杂的屋顶曲面扭转，使得梁檩之间的1400个节点各不相同。典型的梁檩节点通过固定于连续的梁上的两块内置钢板加固，每一块钢板承接着一根带有与其对应的预制槽的檩条。因此，结构的最终设计包括了1400块内置钢板、1400个预制槽、31根木梁、700段檩条的设计与建模。

为按时完成所有结构部件的加工，Stratex 和建筑总包 Bodino 展开合作，将数字技术和人工技术相结合。木梁加工的第一个阶段是由人工完成的——先按照木梁轮廓，将钢模具焊接到位；然后粘合薄木片，将其固定在钢模具内。待木梁段干透后，从模具中取出，再用数控机床加工至最终精度。因为大部分的檩条是直的，塑形较为容易。粘合完成之后，和木梁一样，木檩条也由数控机床加工至最终精度并掏出预制槽。

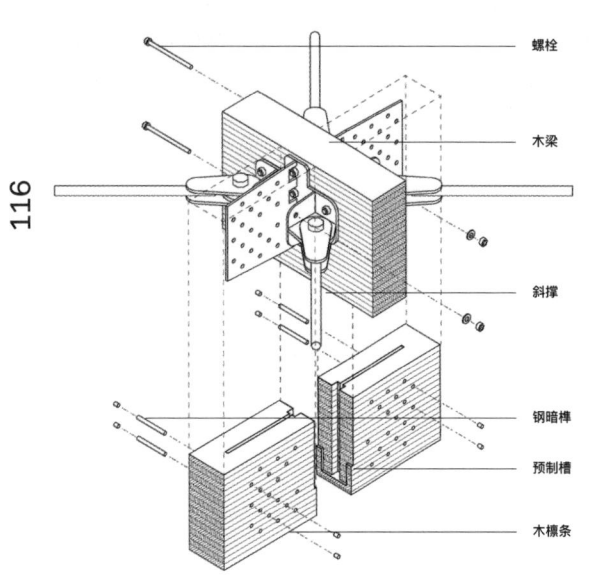

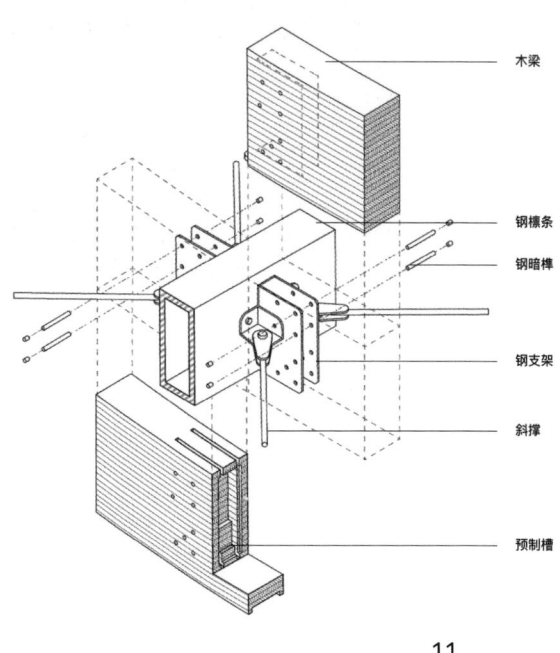

11. 典型屋面节点。左图：木梁木檩条带斜撑节点，包括内置钢板、暗销、木盖；右图：木梁与钢檩条带斜撑节点。

12. 现场木结构安装，更早树立的钢结构此时可以作为木结构的临时支撑，避免了下方脚手架的设置。

13. 项目初期防水层方案细部草图。

在 Stratex 加工木构件的同时，Bodino 负责内置钢板的生产。用 Stratex 的节点模型，Bodino 绘制出每一个加固钢板的制造图。这些图纸被分发到数个位于都灵的加工厂，进行钢板的切割、钻孔和焊接。焊接后部分钢板达到500磅重。

2014年12月，Stratex 在其位于意大利北部的加工厂开始了木构件的制造。2015年3月，最后一根木梁在现场被安装到位。

当设计团队完成结构的最终设计时，防水层的问题也亟待解决。这是整个项目中技术难度最高也最有趣的问题之一。位于木结构、竹瓦和支撑件之间承上启下的构造层，防水层在满足密闭性和排水效率的必要功能要求之外，还需要应对该项目特殊的问题，即一定程度的透光性和在避免过度的定制特殊性的同时适应屋面的复杂形式。

12

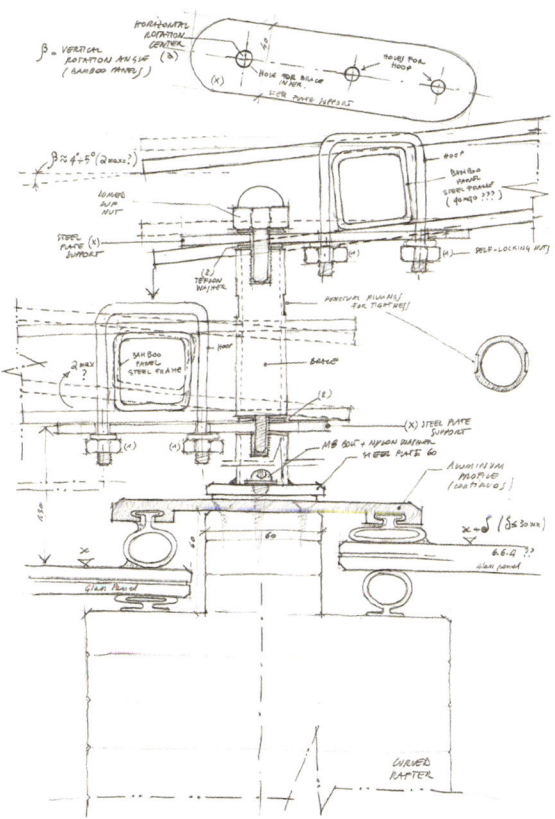

13

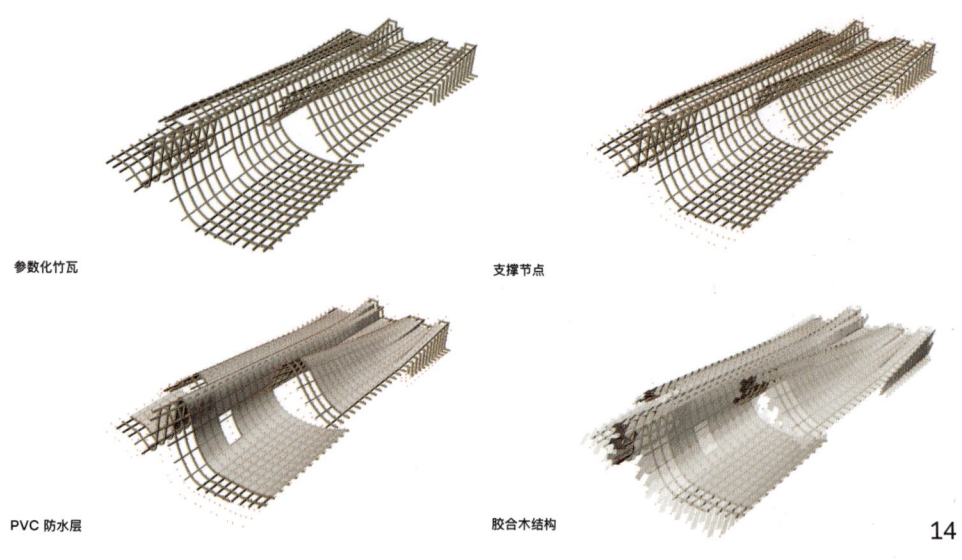

参数化竹瓦　　　　　　　　　　支撑节点

PVC 防水层　　　　　　　　　　胶合木结构

14

14. 屋面系统各层次示意图。

15. 屋面各建构体系的关系示意图。

针对防水材料的选择，团队主要研究了两种系统：半透明的实心阳光板和 PVC 薄膜。Link-Arc 一开始倾向于使用阳光板，因为在意大利制造的大样说明这种材料能创造出丰富的视觉效果。然而，项目使用阳光板为防水材料存在许多技术难题。由于阳光板成品尺寸有限，防水层需要由许多小块的阳光板组合构成，这就意味着大量需要被密封的连接点和大量的支撑构件。其次，为拟合屋顶曲面，这些板材还需要被热弯成形，增加了加工难度，影响项目预算和周期。

尽管一些参与方建议使用膜状防水材料，Link-Arc 一开始对此并不乐观，因为这类材料通常不是太过透明就是太不透明，很难营造出设计团队期望的效果。最终，一种来自日本的新型半透明 PVC 材料被纳入考量，并被制造成大样以检验效果。尽管材料呈现出的光效与阳光板的并不一样，但光线通过竹瓦投射在 PVC 薄膜上的阴影

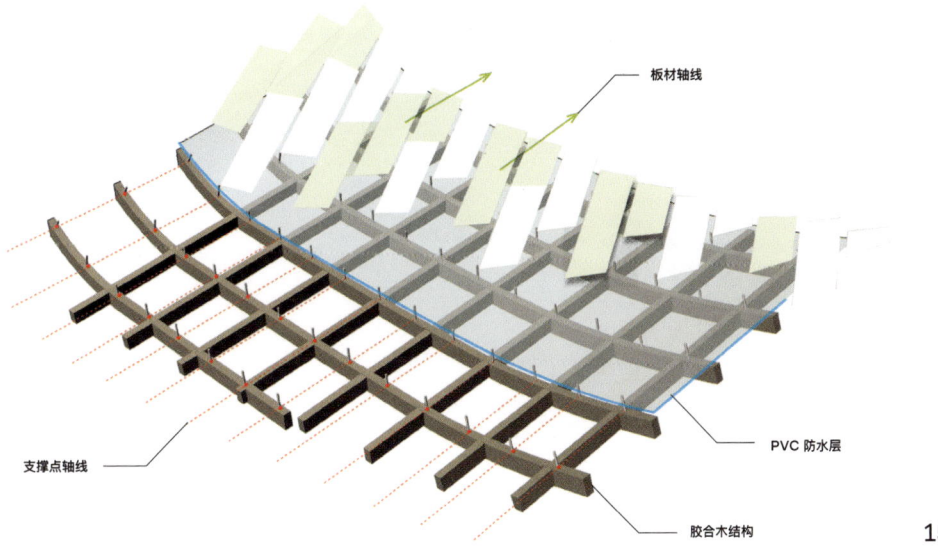

15

仍十分动人。更重要的是，PVC 材料给整个项目进程带来了诸多便利。这种材料能通过特殊设备热熔连接，因此，东西向的每两根梁之间的防水层可以通过少量接缝成为完整的一块薄膜。这些接缝可以被设与檩条正上方，从下方完全看不见。设计团队联合加工方为固定防水层设计出一种安装于梁上的连续铝型材，其中综合了保证薄膜紧绷和密闭性的张紧装置和固定竹瓦支撑件的连续凹槽。这种固定方式使得支撑件不必穿透防水层，保证了整个屋面体系的密闭性。

防水薄膜由位于米兰南部的一个专门加工厂生产，以34条连续的带状被运送至现场，在短短二十天内被全部安装到位。

屋面施工的最后一个步骤是支撑件及竹瓦的装配和安装。在这一过程中，Link-Arc 完成的制

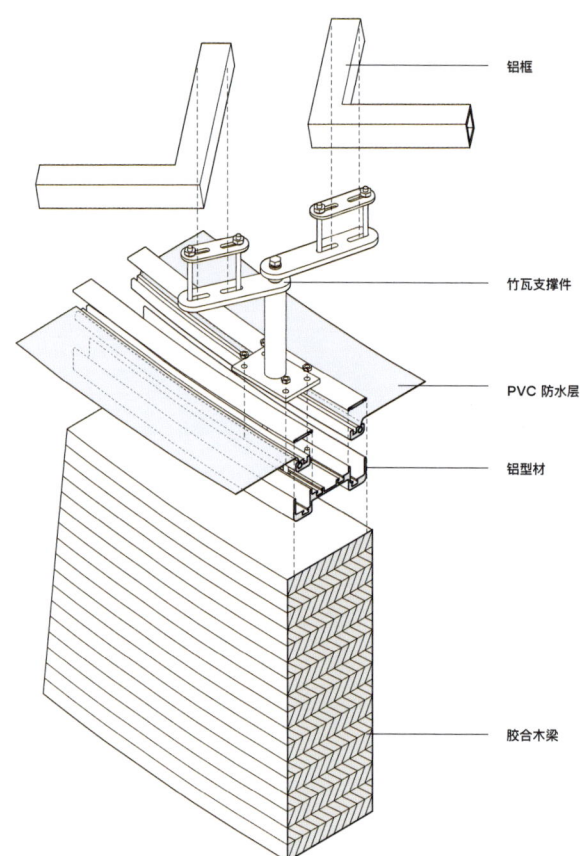

铝框

竹瓦支撑件

PVC 防水层

铝型材

胶合木梁

16

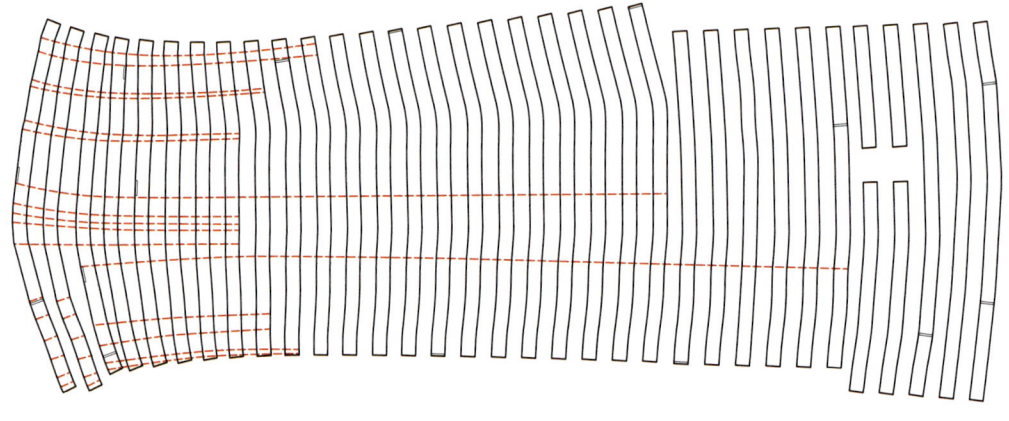

17

18

16. 最终 PVC 防水薄膜及竹瓦支撑件整体构造节点。

17. 各异形梁之间防水层分段展开图，红色虚线标注出了形体剧烈转折、需特殊固定件的区域。

18. 米兰晴空下 PVC 防水薄膜以及支撑件正在被安装。

造图纸以及支撑件和竹瓦的详尽三维模型起到了核心作用。

构成竹瓦的竹条及铝方通框架在中国的广西和广东分别加工完成，编号后被运送到都灵装配。意方建筑总包通过 Grasshopper 和 Excel 从总体三维模型中提炼出了制造支撑件所需的几何及数量信息。

Link-Arc 与意方总包合作，一同绘制了支撑件和竹瓦的整套安装图纸。支撑件的装配图纸主要是每一根梁上支撑件的标号图表。而每一块竹瓦的安装图独立成张，标明了竹瓦与梁的角度关系，如何与支撑件连接，哪些区域需要板间支撑等。正是因为这些图纸，安装工作得以顺利及迅速的展开。

19

19. 一组施工拼贴图展现了（自左上方顺时针）：正于中国加工制造的铝方通；防水铝型材安装；PVC 安装；竹瓦安装；支撑件安装；竹瓦装配。

20. 现场屋面竹瓦安装过程照片。

21. 异形梁竹瓦安装顺序图，每一张细部图纸都包含竹瓦位置、方向、预先安装的梁上支撑件以及板间支撑件信息。

在安装工作最紧密的时期，意方施工团队曾在一天之内将50块竹瓦安装到位。施工团队分成两组，分别从南、北两端开始安装。这样快速的安装过程如果没有非常仔细的协调是无法顺利进行的。Link-Arc 与意方总包专门委派了建筑师与工程师到现场，负责确保竹瓦的类别、安装顺序和安装位置准确无误。考虑到竹瓦的数量和十分受限的场地范围，安装工作考验重重。在安装顶峰时期，平均每二十分钟就有一块竹瓦被吊装到屋顶上。这时，两名施工人员需要接住竹瓦，将其调整到位，根据安装图纸将其固定在支撑件上。在三十天内，1052块竹瓦全部安装到位。

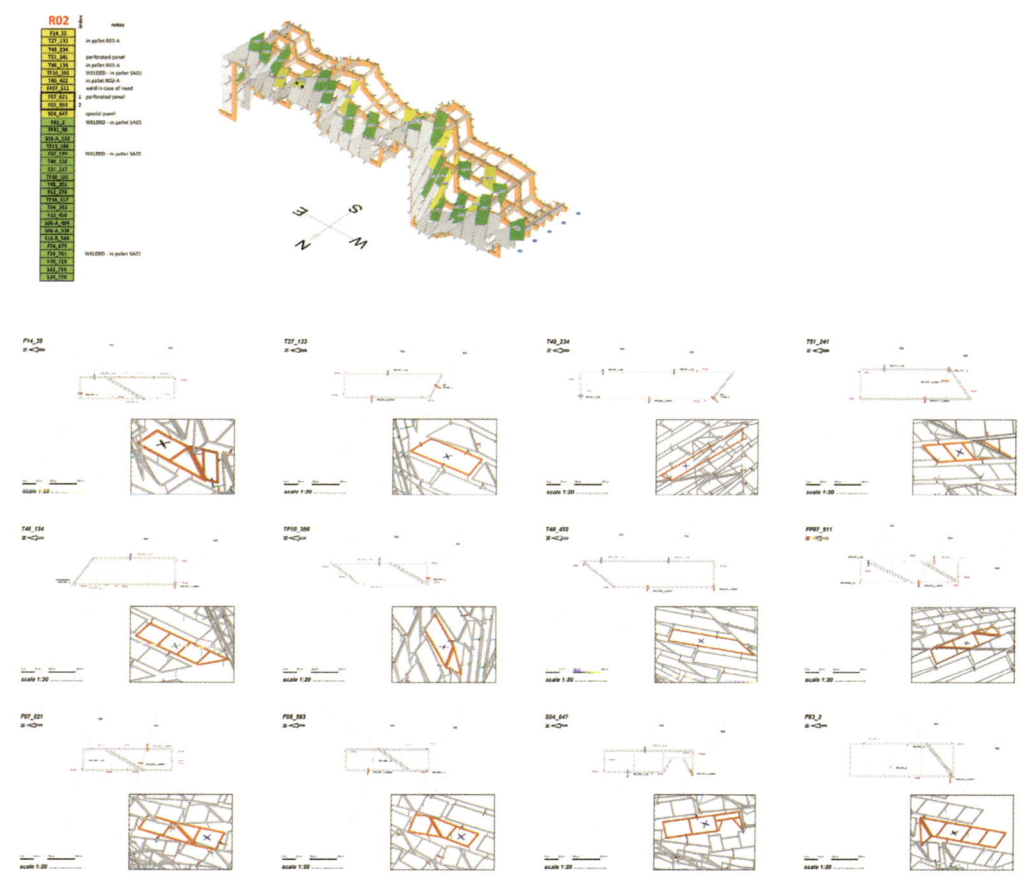

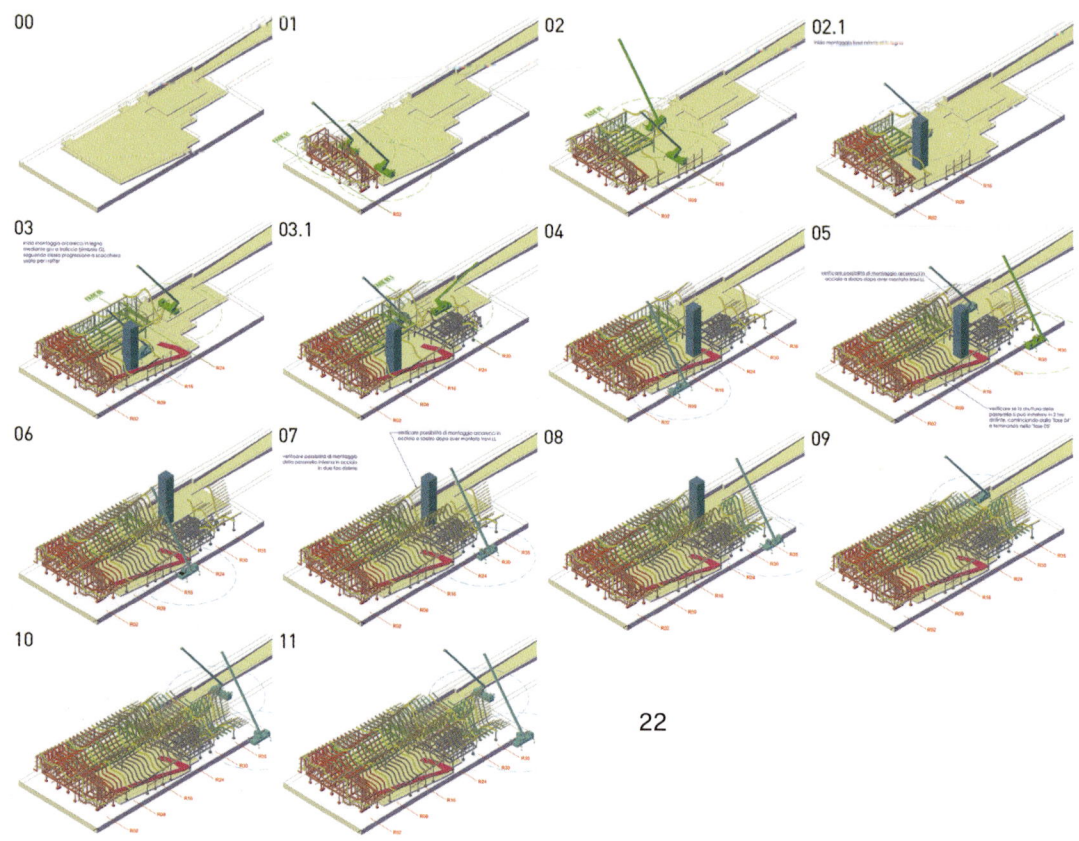

22. 屋面结构施工顺序示意图。

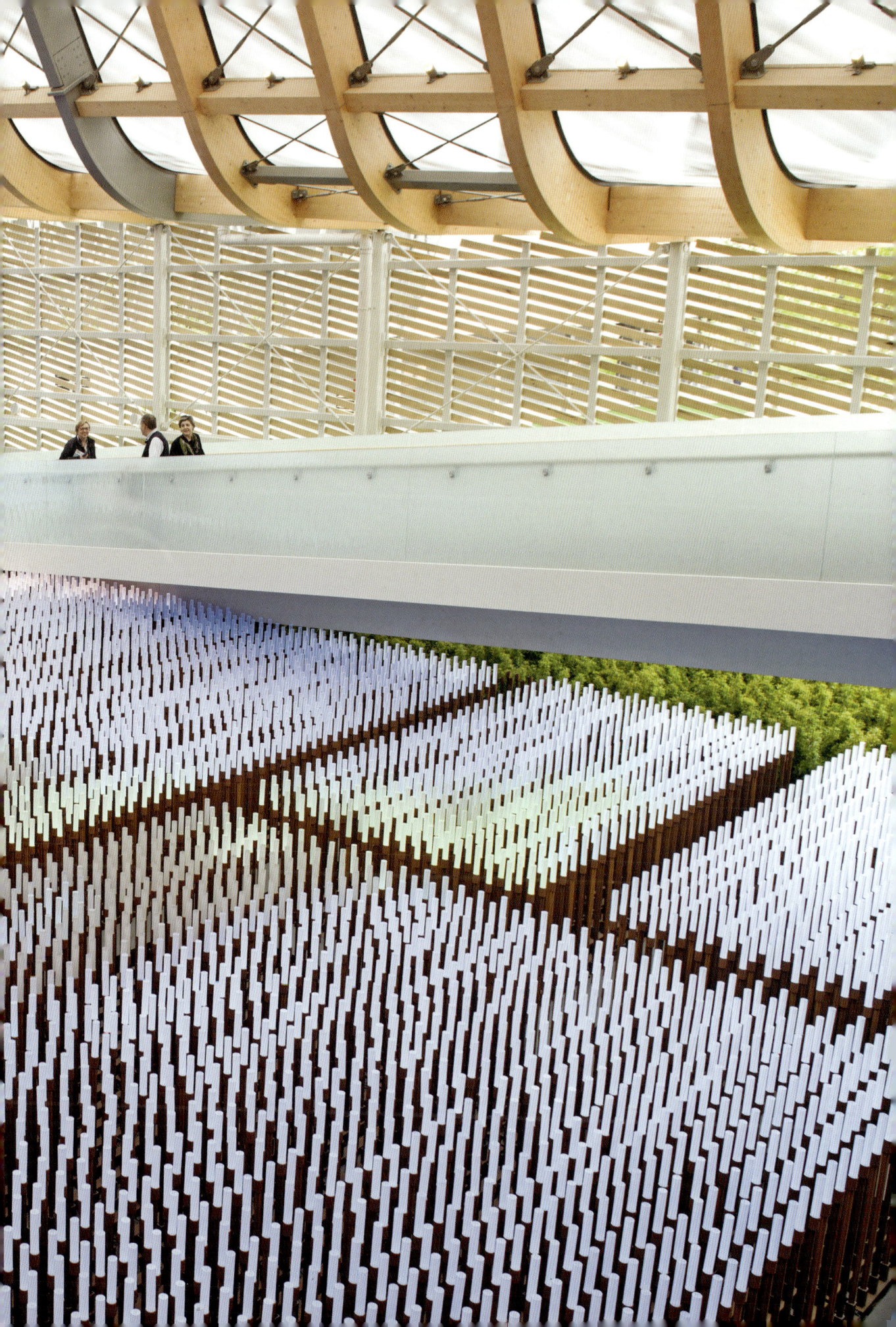

对谈：场所

对谈：场所

丹尼尔·里伯斯金
Daniel Libeskind

让我们回到您的关于城市肌理的想法。对万科馆这样的场馆，您在设计时并不知道建筑所处的语境将会如何。这是否影响了您的设计呢？

里伯斯金：我很庆幸能与万科这样一家优秀的企业合作。这是他们在中国境外建成的第一座企业馆。我欣赏万科，不仅在于他们是世界上最大的房地产开发商之一，而且在于他们对城市的社会使命感。我们共同的关注点包括人们居住的方式、食品质量和城市生活的质量。刚开始项目设计的时候，我接受农业这一主题启发。实际上我并没有意识到我设计出了一条龙的形象，直到一位中国人指出。在那之前，龙其实有关农业文化的神话中的形象。不管怎样，龙作为中国在设计山之类的意象，支撑了农业这一主题。

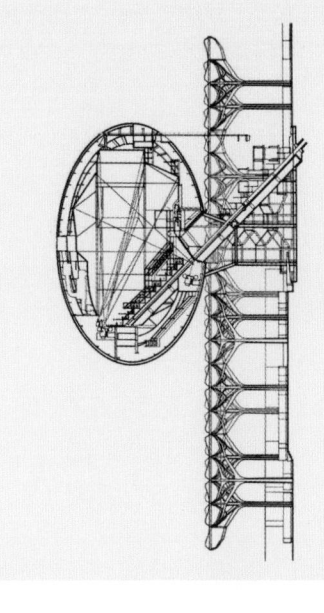

1964年纽约世博会IBM馆剖面图

设计展馆是一次文化的体验。建筑师没法预料到建成后周围场馆的情况……

这样会不会导致做出为标志性而生的建筑呢？

里伯斯金：这回到一个概念：当设计临街楼房中的一座时，如果建筑师希望它能脱颖而出，那就必须设计出一个好的立面；建筑师必须有所作为，来塑造出建筑的标志性。这种标志性并不是事后强加上的。在与紧邻的周围建筑的较量中，建筑必须有自己的吸引力，必须向公众做出强有力的邀请："这又引出了一个非常传统的概念，一个好的建筑必定是有雕塑性的特质。

从这个角度来看，世博会上的建筑是非常强大的、短暂的瞬间。人们在那里只待十五到二十分钟的逗留。那么传达的速度有多重要呢？您的设计概念传达的可识别性到底有多重要呢——不论大家识别出龙还是山？

里伯斯金：那些观众只参观了二十分钟，之后不复存在的建筑或许比那些已经竖立了千百年

1964年纽约世博会IBM馆主要公共空间照片

的建筑能对他们产生更大的影响。比如，密斯·凡德罗的巴塞罗那馆，这座建筑仅在人们的视野中出现了一瞬，然后就消失了。然而它对欧洲产生了持续的、深远的影响。这不仅仅关于建筑本身，而是它所代表的一种渴望和一种概念……

我不认为重建巴塞罗那馆有什么益处，这样做甚至有可能会削弱它的影响力。因此，有一些时候临时性的建筑也可以产生深远的影响——建筑只存在了一段时间，但它存留于人们的脑海及想象力中。有一些看似消失却存留在你记忆里的内容比再次回访的内容要更强大。我可以说，这就是世博会或临时性活动的不可言喻的力量。

世博会除了吸引建筑师外，更主要的是吸引了公众。与世博会在建筑方面的作用相比，什么才是世博会的文化作用呢？

里伯斯金：这可以追溯到文艺复兴时期的城市庆典或法国为君主完成的城市尺度的创新项目。世博会是城市的庆典。这种城市特征因为具有活力，成为了世博会特性中创新的、重要的方

对谈：场所

Inside IBM's World's Fair 'Egg'

1964年纽约世博会 IBM 馆的宣传广告

面。尽管资金投入巨大，世博会的最终目的不是赚钱。因此世博会也是文化的盛会，而投资不是为了短期的经济回报。

您之前提到世博会参观者的数量惊人，我们简直可以将之看成是一种建筑旅游业。到底是什么吸引着如此大量的参观者呢？

里伯斯金：人们热爱参观建筑，热爱新事物，希望看到以前从未见过的景象。米兰世博会的尺度非常好，观众仍然可以步行参观。我也参观了尺度巨大的上海世博会。当时，人们需要花上好几天才能参观几个馆。而在米兰世博会，人们可以享受参观的过程。在米兰待上几天，然后一次又一次的回到世博展场。尺度对于体验而言是非常重要的。

当前，公众为什么会对建筑如此感兴趣？这种兴趣是否在逐渐增涨？

里伯斯金：一定是这样。人们重新发现了建筑的重要性。四十年前，建筑并不像现在这样受关注。当我还在建筑学院学习时，对建筑感兴

个城市该有的样子。这些城市体验并不应该局限于某一个时空，它们是世界所有、世界所建，参加也是如此。如今，这些美好的事物正变得越来越可及。我认为眼下那些宗派主义和基要主义正是对当前这个不断成长中的积极、美好的世界的一种消极回应。

里伯斯金：我不知道，很可能没有国家馆了。国家固然重要，但是我们更多的看到各个城市间的竞争。越来越多的市长获得了更多的实权，他们引入自行车道系统，为城市提供更清净的水源，加强城市安全。中央式的政府为体制所累，而城市则可以更直接的应对问题。我对此深信不疑。我们现在处在一个文艺复兴——或较之更早——城市作为创新中心而产生的时期类似的阶段。这就是非洲、亚洲、中东和波斯湾等世界各地城市扩张的原因。突然，人们从未听说过的城市出现在地图上，同时，具有八千年历史的古城又重新繁荣起来。迪拜这样的新兴城市发展迅速，开始与伦敦、香港等竞争。世界在变，那些没有意识到这点的人将会在竞争中被淘汰。

我认为世博会最重要的影响是将全世界各地的人聚集到一起。这是非常有意义的。在这里你能听到各种语言，人们因此意识到我们生活在同一个地球上。与巴别塔不同，世博会的这种意义是积极的。米兰现在有很多中国游客，这与上世纪80年代我居住在米兰时比起来完全不同。我在米兰的拱廊街里也见到许多来自阿拉伯国家的游客，而认为这正是

趣的只有建筑师和一些希望通过建筑赚钱的开发商。甚至在今天，在美国和其他一些国家，建筑仍备受冷落。新闻首页全是经济之类的话题。但是另外一些国家，建筑新闻就会出现在报纸头版。这是因为人们对建筑的兴趣超过了他们对股市的兴趣。我认为股市正在步入一个新时代，人们意识到他们可以是建筑的参与者。建筑是为他们而建，需要根据他们的需求来定制，而最重要的是，建筑需要成为他们生活的社会性的延伸。建筑未来的影响力将是惊人的。

在美国，建筑的重要性也会改变吗？

里伯斯金：是的。我们也正在进入建筑将彻底改变的时期。这种变化将突然的，不会是循序渐进的。因为它是由人类思想的不可避免的转变导致的。我们甚至无法预知这种变化发生的顺序，但明确的是，它一定会到来。

在您想象的未来的世博会中，还会有国家馆或者企业馆吗？会有IBM、微软、苹果或Facebook的企业馆吗？

对谈：场所

斯丹法诺·博埃里
Stefano Boeri

2015年米兰世博会以色列馆"未来农田"（Fields of Tomorrow）

最终，本届世博会上仍然有许多颇具标志性的物体式建筑。

博埃里：是的，这样做有可能会掩盖世博会基本论点。最终的世博会与我们最初的总体规划提案相差甚远，各国试图围绕开粮食供给这一问题彰显各自的技术。

当时您设想的是将所有展陈都布置在统一的容器中？

博埃里：从一开始，我们就提出了地球植物园

在我看来，主题和空间应当有一种直接的联系。我们不应该创造通过手机或电脑上的电子图像就能体验的空间，而应该提供新鲜的体验。重要的是感知，是通过视觉得到的印象，参观者在空间中的流线，参观者对周围多样化的景观的感受。

世博会的场地往往在城市的郊区，这些场地被快速的建造之后又被遗弃。米兰世博会的场地在今后的几年会有什么样的发展呢？

博埃里：目前，该场地的发展的方向仍处在讨论阶段。现在有几种不同的提案，一种是在将场地发展成生物技术的研究中心"人类科技城"；另一种提案是将大学的科学院移至此地；第三种提案是将场地变成一个公园。

因为场地范围巨大，有100万平方米，我认为应当考虑多种功能的混合开发。我的提议是将之开发成一个园区和研究中心的综合体；

始概念。构图是我们研究的重点。然后我们开始构想每一块基地上的展馆，但是仅仅是一座温室——一个用以展示科技和生物多样性的空间。在当时的提案中，可渗透性界面和未建造的场地占所有用地的70%，仅有30%用于建造。而最终实现的世博展区与之完全相反，有80%的用地都被建筑占据，仅留有20%的花园和绿地。这是截然不同的概念。我确实认同米兰世博会是成功的，而且我们的提案在最后的场地布置方案中还是起到了重要的影响。最后的方案沿用了两条主要轴线，也贯彻了我们当时对空间序列和层级的设想。我们只是未能实现一次真正颠覆性的世博会。我们未能用想法说服周围的政治势力。这在我看来是一次失败，但作为一次传统意义的世博会，一次商业的博览会，米兰世博会仍然是成功的。

我们必须认真考虑每一届世博会的主题。米兰世博会的主题是滋养地球，展示粮食生产中的科技使用是非常重要的。我要再次重申，

博埃里建筑设计事务所的2015年米兰世博会最初提案中的温室

对谈：场所

1992年西班牙塞维利亚世博会场地现状照片

博埃里：针对2015年米兰世博会，我也曾经提议以市中心的一块公共用地作为展会场地。在我们的城市中有那么多未开发的空地，所以一定有办法在现有的城市和历史环境中找到足够大的空间。或者，我们就接受这样的一种模式，场地在世博会之后被出售，被重新开发。

2004年，我与雷姆·库哈斯、汉斯·尤利斯·奥布里斯特（Hans Ulrich Obrist）接到上海市市长的邀请，一起为2010上海世博会出谋划策。当时的主题是"城市，让生活更美好"。我们提出了一种分散式的布局，仅改造现成空间而不新建任何展馆。世博会后建筑往往被快速拆除，组织者也会很快撤离，这一提案正是对世博会后资源利用问题的应对。公共投资对世博会如此重要，我们一定要仔细考量世博会结束后的发展，和我们所期望为公众保留的世博会的遗产。

并联系世博会主题，举办关于意大利农产品的展会。这个展会将每天开放，而不是临时性的。在园区和研究中心两大功能之间，我构想了一个关注生物多样性的公园。但目前该场地的发展方向仍处在不确定的状态。

该场地之前是私人所有，公共部门花重金将之购买。在我看来土地价格已超过其实际价值。现在，当时提供贷款的银行要求还款，这时候，政府介入提议投资在此区域建造生物科技园区。因为政府在世博会的组织管理上发挥了重要的作用，所以我认为这是个不错的解决途径。

在未来或者在理想化的情境中，展会场地和现存的城市基础设施之间应有怎样的联系呢？是否有可能在城市的现有架构、现成的语境中举办世博会呢？还是世博会规模太大，必须以独立的形式开发？

上图：2015年米兰世博会奥地利馆中的景观展示区
下图：2015年米兰世博会日本馆的沉浸式多媒体展陈

李翔宁
Xiangning Li

世博会应该围绕着统一主题开展吗？

李翔宁：是这样，不然所有的世博会就都没有区别了。就像是人们更喜欢今天去韩国餐馆，明天去日本餐馆，而不是去美食广场，同时扶得所有的可能性。正是每一届世博会的差异使人们对参观世博会能一如既往地保持热情。

主题永远都是针对内容的，容器往往不受其影响。如果有一个建筑与主题是否能推动建筑师做出更深刻的建筑探索呢？

李翔宁：不会。各国挑选世博会国家馆建筑师和建筑提案的流程不同，而各国家馆的设计品质也并不统一。建筑的确在吸引参观者方面起到了决定性的作用，因为他们无法提前预知展陈的内容，而建筑常带给他们的第一印象。在大多数情况下，参观者会参观几座展馆。他们无法在一天之内逛遍所有展馆，因此他们会挑选两到三座。他们会想："那座建筑看起来很奇特，我应该去那儿。"却没法事先知道展馆内的内容。

这些展馆的一些功能仅在其中逗留很短的时间。最多不超过二十分钟，这些参观者就会继续前往下一处展馆。参观者是否需要能快速的理解建筑呢？

李翔宁：建筑需要能与展陈共同协作。2015年的米兰世博会中，有两座展馆非常好的展示出了建筑与内容的和谐统一。一座是奥地利馆，建筑是很简单的一个方形量体，正如我们心中的许多人对奥地利/德国区域建筑的印象。展馆内部是一个人工的花园。另一个成功的例子是日本馆。尝试食物贯穿了整个参观流程，建筑

2015年米兰世博会展会期间沿着东西主干道(Decumanus)的公共活动

对谈：场所

位于卡斯特罗广场的米兰世博门（The Expo Gates）

则淡出了。参观者看先着到立面，进入后，有不同的表演和用以选择食物的数码屏幕，整个过程就像是做游戏。人们很快就忘却了建筑的存在，但整个空间却能很好地为展陈功能服务。

世博会往往在未开发的土地上开展，组织方提供给各国一块场地。最终，展馆会面对其语境，但这是在设计过程中无法预知的语境。这其中存在着怎样的挑战与机遇呢？

李翔宁：我认为挑战在于，在设计过程中，建筑师无法知道临近场馆的设计，但却期望能够从周围的场馆中脱颖而出。因此，建筑师便使出浑身解数，希望能用最奇特、最令人兴奋的姿态参与角逐。结果，相邻两座建筑间的关系可能相当突兀。但不管怎么说，这只是暂时性的。世博会结束后，会被人们立刻忘却，将会造成许多问题。这在长期存在的街道空间中发生，将会造成许多问题。

人们去往现场参观对世博会而言是否重要？任何人都能通过网络看到世博会的照片。亲身参观是否带来特殊的文化体验呢？

李翔宁：这就是一场大型的活动，是一次庆典，但不见得是为文化交流搭建的严肃的平台。但我仍然认为亲身参观是必要的。亲身参观对城市，比对观众，更为重要。我不认为从主办者而不是参观者的角度考虑的。这是从主办人们会专门为做生意而前往。

世博会在未来会有怎样的发展呢？未来的世博会依旧会以同样的模式举办吗？还是会有什么转变？

李翔宁：有可能会在网络上举办，因为你可以从网络上获取一个国家的产品的信息。我认为同样的模式仍会持续几年，显然还是有这样的需求。城市希望举办世博会，至少为促进旅游业。威尼斯大部分的收入来源于电影节和双年展。这些活动促进了消费。

对谈：场所

查尔斯·伊姆斯（Charles Eames）为1959年在莫斯科举行的美国国家展览会（American National Exhibition）设计的带有七个屏幕的剧场模型

现在回到世博会的历史，您认为世博会经历了怎样的发展呢？

李翔宁：过去，世博会的目的是呈现产品和发明。如今，我们周遭有太多新奇的事物，所以在参观世博会时已经没有过去那样的兴奋了。现在，世博会几乎变成了一种娱乐。

为什么苹果公司没有借世博会这个平台来发布新的苹果手表呢？

李翔宁：原因可能是他们认为世博会有一些过时，特别是对于苹果这样宣扬自身创造性的公司来说。

而且网络能将信息传达给更多的消费者。过去的世博会更多是实体的呈现，人们会去世博会欣赏新的发明，如电灯泡或打字机。

李翔宁：世博会现在的关注点在于国家和政客们。这值得批判。世博会已经变成国家营销自己而不是宣传单一产品的平台了。

2015年米兰世博会慢食馆

Link-Arc 建筑事务所
Studio Link-Arc

世博会展馆是对国家和企业的展示。但能否避免世博会成为物体式建筑的展场呢?

Link-Arc: 我们从一开始就决定要避免做一个孤立于广场上的物体式建筑。但同时,我们也对设计一个仅在内部布置展览的方盒子体量并不感兴趣。我们希望中国馆的空间体验成为世博会公共空间体验的延伸。事实上我们在设计方案的同时进行了功能配置的深化,这帮助我们实现了这个想法。

在设计中国馆的前期,我们做了大量关于物体和场域的关系的研究。最后我们决定项目应该兼具"场域"与"物体"两者的特性。中国馆南侧的屋顶非常低矮,与南侧的景观相连。从位于东南角的入口进入时,人们几乎能够触摸到屋顶结构。整个建筑只有建筑东南侧影厅外部,高起的南立面部分能被清晰地解读为物体,其他的部分都表达着场域的特性。

实际上,世博会规划的模式导致了物体式的建筑的涌现,因为每个国家需尽量清晰地表达各自的文化特性。但这不意味着世博会的建筑应该千篇一律。中国馆和慢食馆是试图从惯常的模式中跳脱出来的两个例子。

观众在场馆中的平均参观时间仅有二十分钟。这是否改变了建筑在易读性和易理解性上的需求呢?

Link-Arc: 几乎在所有伟大的建筑作品中,人们都能够步入后立刻感知到建筑概念中的一部分。这并不意味着我们的建筑设计就应该肤浅。对我们来说很重要的是,人们能从一开始就感受到中国馆的特殊性。一旦成功吸引了观众的注意,建筑将提供丰富和微妙的空间体验。我们并没有将项目想象成只可远观的建筑或是单纯的展柜的容器。

我们用建筑来诠释中国的文化和历史。为达此目的,我们通过许多层次探讨建筑,包括形式、屋面、材料、细部和光线等。当观众走

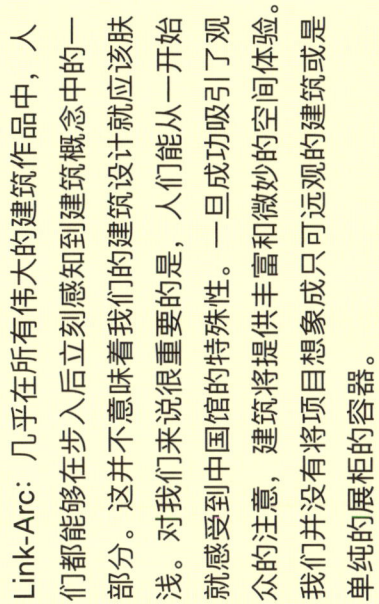

对谈：场所

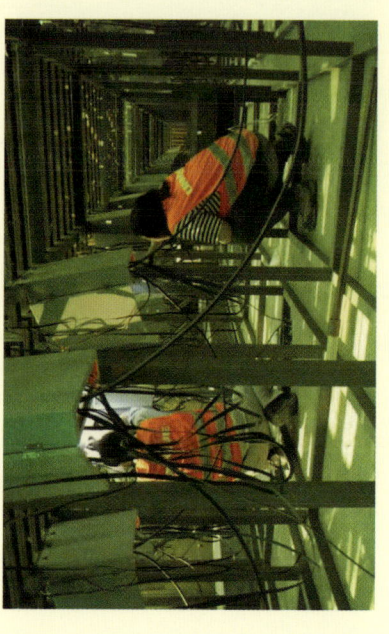

上图：从上方拍摄的中国馆 LED "麦田" 装置效果。
设计：师丹青
下图：中国馆 LED "麦田" 装置下方的维护空间

观众代表着公众，并不只是建筑师，他们通常不会去参观世博会这样一系列不同建筑的集合。世博会对于向公众展示建筑而言有什么意义呢？

Link-Arc：这个问题很有意思。从一方面说，世博会像是一座临时城市，上百件建筑作品用各自不同的方法表现国家，应对主题。在这样一个相对较小的场地中，可以看到上百种不同的设计方法和建筑风格。从这个角度看，世博会是有教育意义的，就像是去到一个关于不同建筑手法的专门展览。世博会提供了独一无二的新体验，而这种体验只在很短时间内存在。

另一方面，建筑在每个展馆中的地位不同，一些场馆中，展陈功能完全掩盖了建筑本身，所以取决于观众参观的场馆，他们获得的建筑体验也大相径庭。

世博会是否增进了公众对设计和建筑的欣赏兴趣呢？

进场馆，所有的这些元素一起作用，营造出生动的氛围。我们用这种更建筑的手法来切入主题，也加强了世博会在文化和教育方面的意义。在我们看来，整个建筑即是展览。

我们为中国馆构想了一种有序列的体验。观众并不能够立刻了解了全部。我们像做电影分镜一般，仔细设计了观众参观的序列。这时候不同场景之间切换的速度、整个体验的高潮在哪里都是我们需要考虑的。

中国馆以一种非常谦逊的姿态迎接观众。步入展陈空间，观众一开始只能从展陈与首层天花的空隙间粗略地看到主要的公共空间。直到通过平缓的台阶上到二层，才能毫无阻挡地一览主空间全貌。这时，观众才发觉身处巨大的屋顶结构下方。

这个精心编排的序列花费了我们不少时间。我们的想法是，建筑随着参观时间逐渐显现出来，只有在参观了整个序列之后观众才能真正的理解建筑和概念。中国馆是可读的，但是需要时间去理解。

米兰世博会中国馆首层带有 LED 装置的展示空间

对谈：场所

Link-Arc：我们认为是这样。世博会上一一些非常精彩的瞬间和难忘的体验是由建筑和展陈合力创造出来的。在所有内容中，这些瞬间最好地展示出了设计的力量。

如今的世博会在形式或风格上都相对自由，也为创造这样的体验提供了便利。我们注意到人们被中国馆的主立面所吸引，成百上千的人们与之合影留念，正是因为这种形象对他们来说是新鲜的。也有许多人在主展陈空间内以极具雕塑感的屋面和LED装置为背景拍照，他们也非常喜欢这个空间。

如果把所有的方面综合到一起，我们的许多做法并没有太多的先例，具有一定的实验性。这在南立面和主展陈空间最为明显。许多观众可能是凭直觉认识到这一点，作为建筑师很乐意看到我们的设计能被使用者捕捉到了。

我们也从公众的反馈中学习。世博会开幕当天，有一万五千名观众参观了中国馆。人们以不同的方式使用这座建筑，我们也意识到了建筑师以外，很少有观众将注意力放在建筑师所纠结的那些建筑节点上。这使得我们深思。

从某种程度上说，这也许会影响我们在之后的项目中的设计决策。建筑师需要更多地考虑使用者的体验和人与建筑的互动，而不仅仅执着于在细枝末节上的精益求精。尤其是世博会这一类的展览场馆，提供给使用者引人入胜的体验比在微小的尺度上推敲一个节点要重要得多。

世博会在未来会有怎样的发展趋势呢？有哪些目前已采用的做法会越来越多的呈现在世博会上呢？

Link-Arc：世博会在较长的时间内仍会存在。随着世界的变化，人们体验世博会的方式也会继续发展。

文化、科技和我们所处的环境之间的关系是复杂且不断变化的，世博会的很大价值在于激发了我们对这些问题的思考。这些关系变化时，我们周遭的物质环境也会变。只要物质环境仍然重要，世博会就有它存在的价值。我们无法预测未来，但是我们期待看到未来的发展。

场馆：呈现

世博与世界

2015年5月1日米兰世博会中国馆正式对外开放。在历时六个月的展期内，中国馆接待了超过三百万名参观者，最高日参观人次达到三万。

中国馆的体验是一系列流动的空间所构成的场域体验。观众从南侧进入场地，逐渐浸入下沉的"麦田"景观。这个区域的设计受传统的中国乡村风景启发，将项目的文化功能延伸到景观，也是建筑空间体验欲扬先抑的前奏。观众由东南角刻意压低的屋面下进入序厅观看多媒体展陈，并近距离地欣赏屋面，理解项目的建构特质——这为后面戏剧化的空间体验提供了铺垫。

序厅之后，观众进入位于多媒体厅正下方的主题展览区。这一区域结合了景观和关于中国文化及饮食的互动性展览，充分挖掘了景观在空间和功能上的可能性。由此，观众由一座平缓的大楼梯引领至观景平台，此刻空间逐渐"打开"，观众置身于主要的建筑空间中。胶合木结构屋面下方，人们在感受到由自然与城市轮廓线过渡所呈现出的巨大空间张力的同时；也可以俯瞰作为展陈焦点的由两万两千根 LED 管组成的麦田装置。

在多媒体影厅欣赏完关于春节家庭团聚的短片后；观众步上廊桥，穿出屋顶，回望世博园的全景视野；接着又由廊桥回到建筑内部，最后参观流线结束于有着高耸的纪念性胶合木结构的出口。

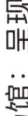

附录

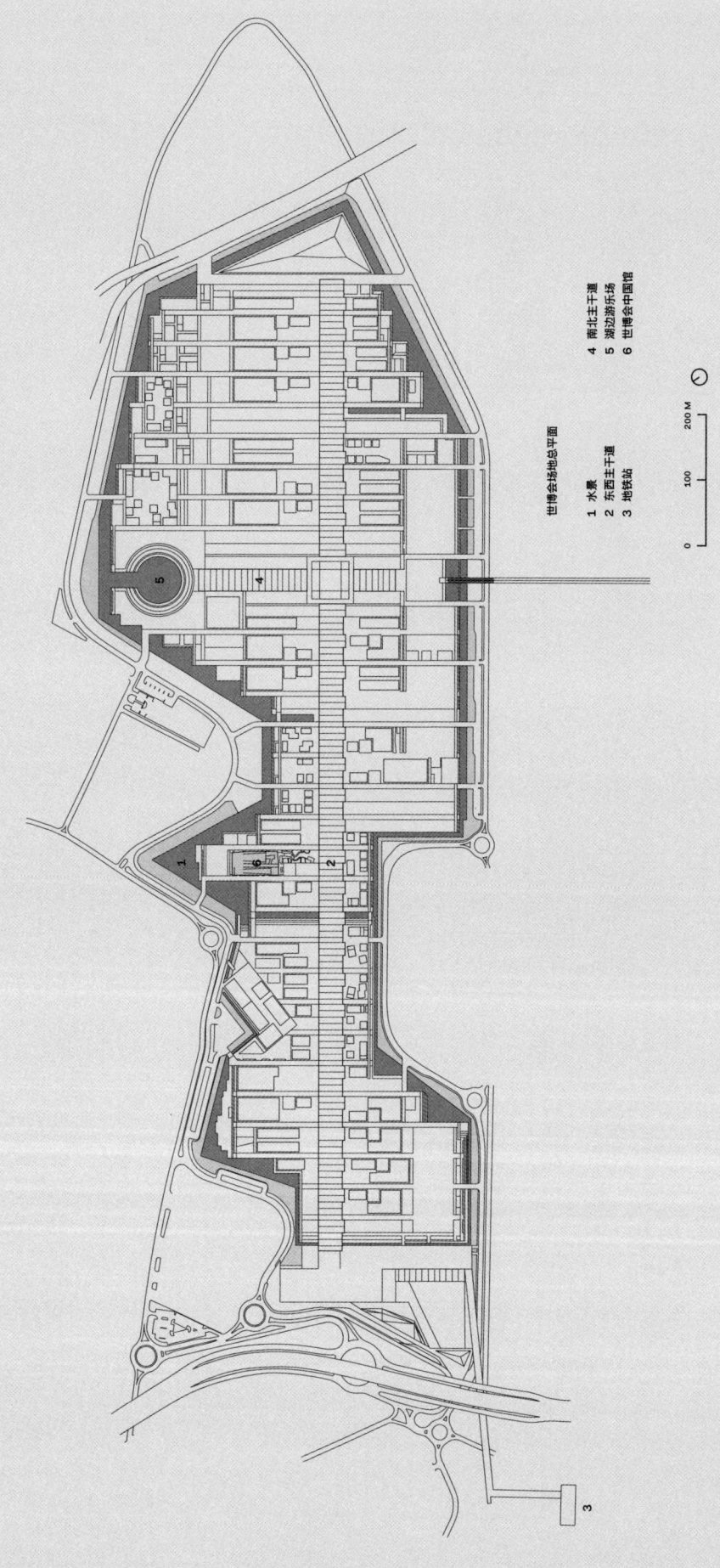

世博会场地总平面
1 水景
2 东西主干道
3 地铁站
4 南北主干道
5 湖边游乐场
6 世博会中国馆

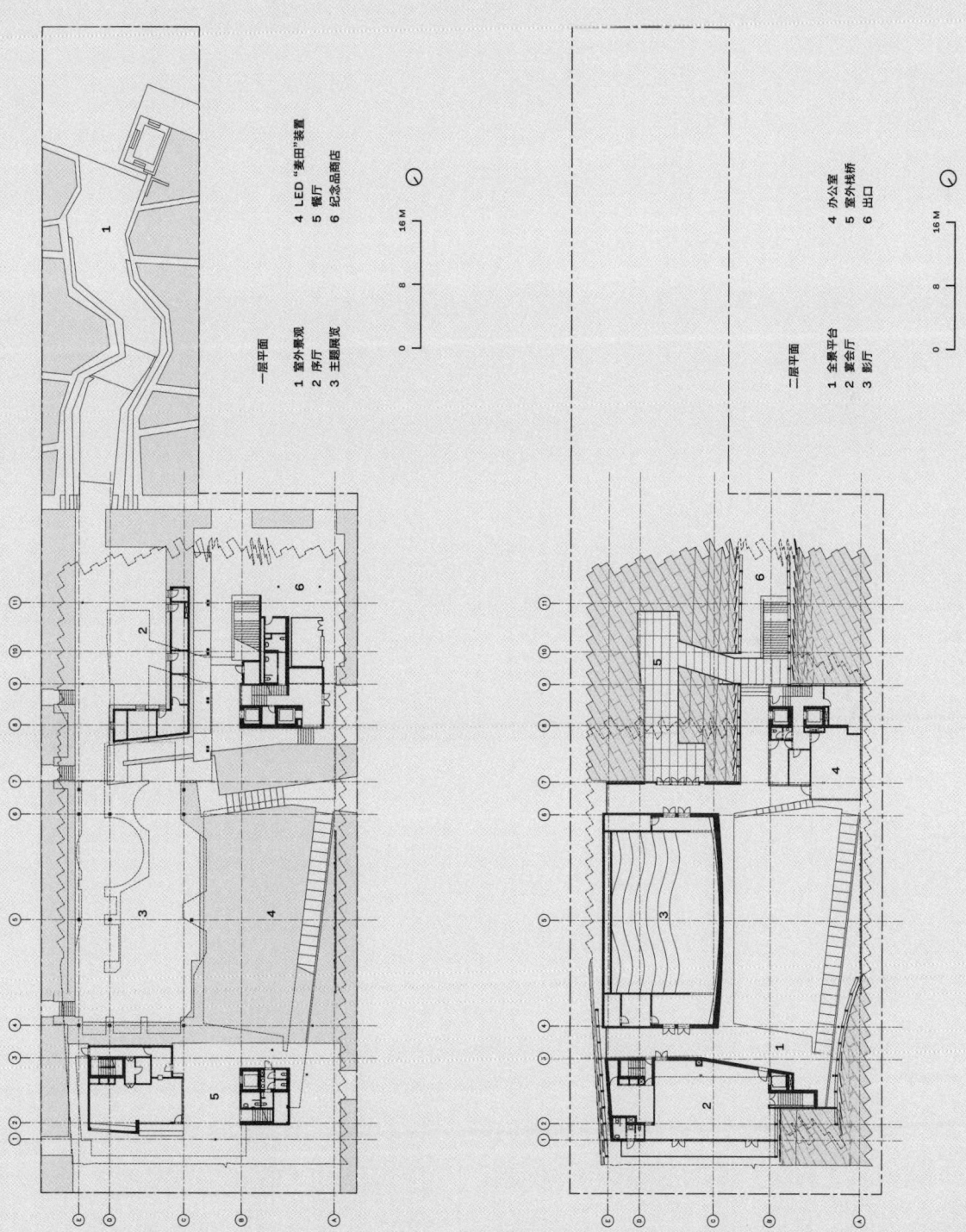

一层平面
1 室外景观
2 序厅
3 主题展览
4 LED "麦田"装置
5 餐厅
6 纪念品商店

二层平面
1 全景平台
2 宴会厅
3 影厅
4 办公室
5 室外栈桥
6 出口

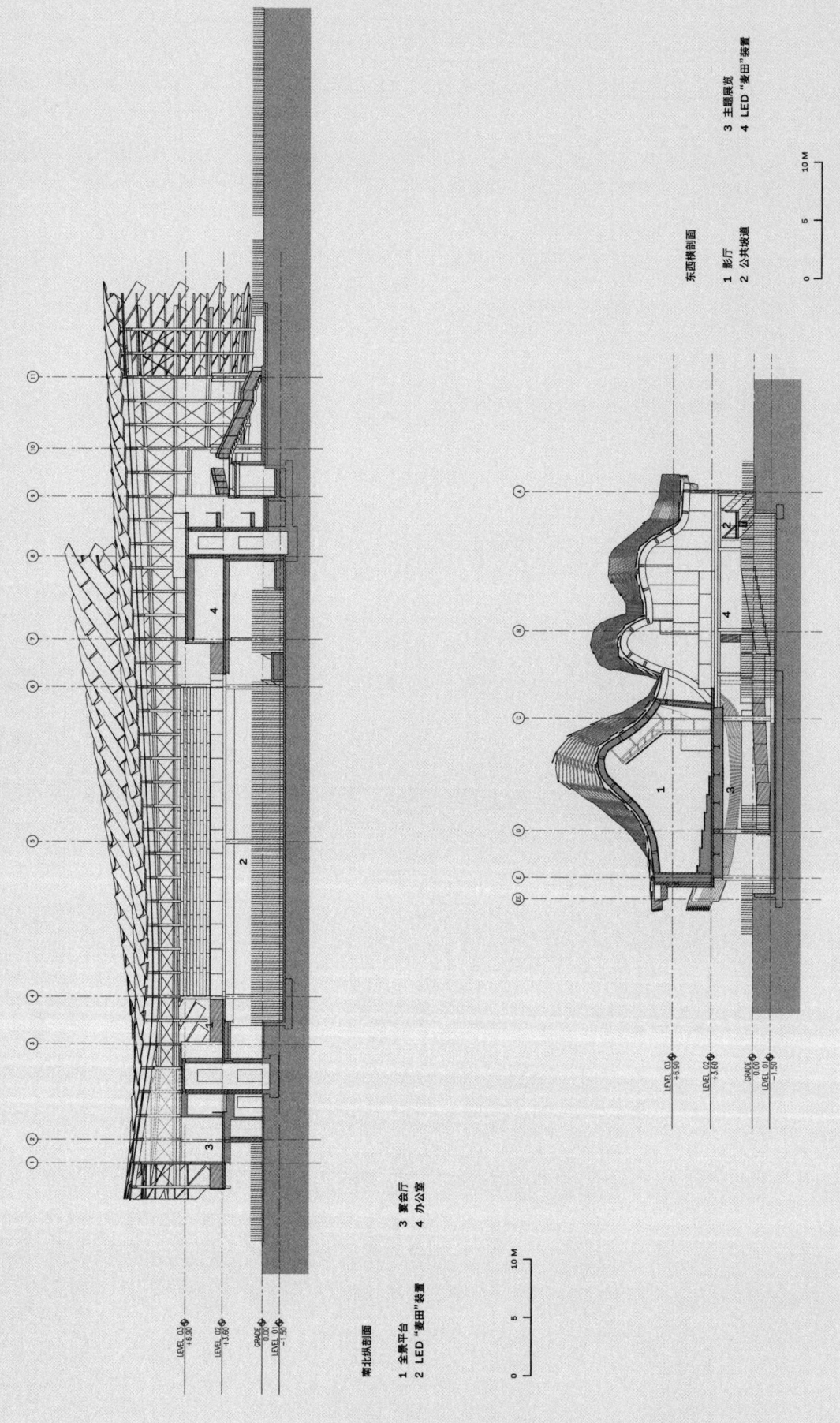

南北纵剖面

1 全景平台　　3 宴会厅
2 LED "麦田" 装置　　4 办公室

东西横剖面

1 影厅　　3 主题展览
2 公共坡道　　4 LED "麦田" 装置

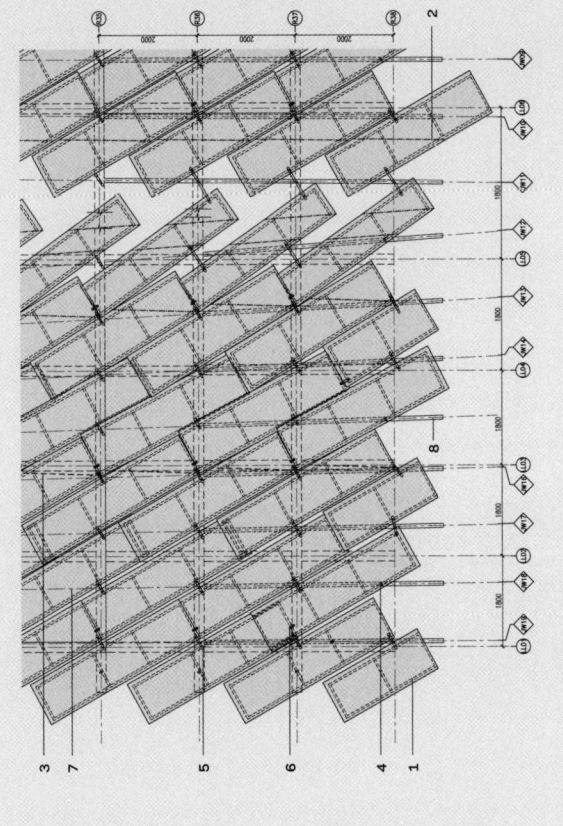

板材支撑 平面 屋面区2

1 屋面竹瓦
2 屋面板折线（上）
3 屋面板折线（下）
4 单支撑件
5 双支撑件
6 板间支撑件
7 支撑件轴线
8 出挑次结构

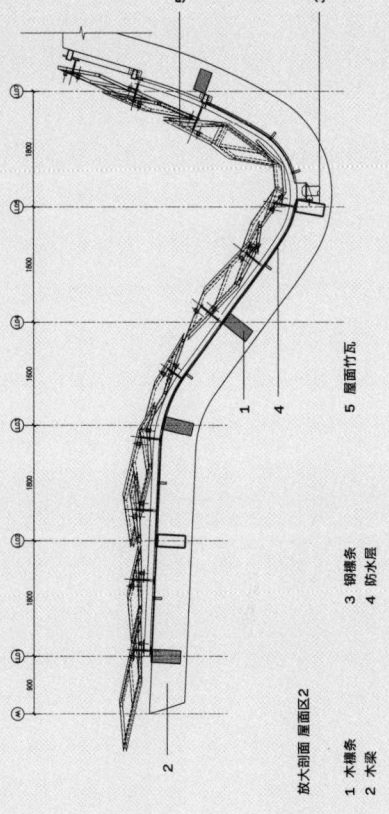

放大剖面 屋面区2

1 木椽条
2 木梁
3 钢檩条
4 防水层
5 屋面竹瓦

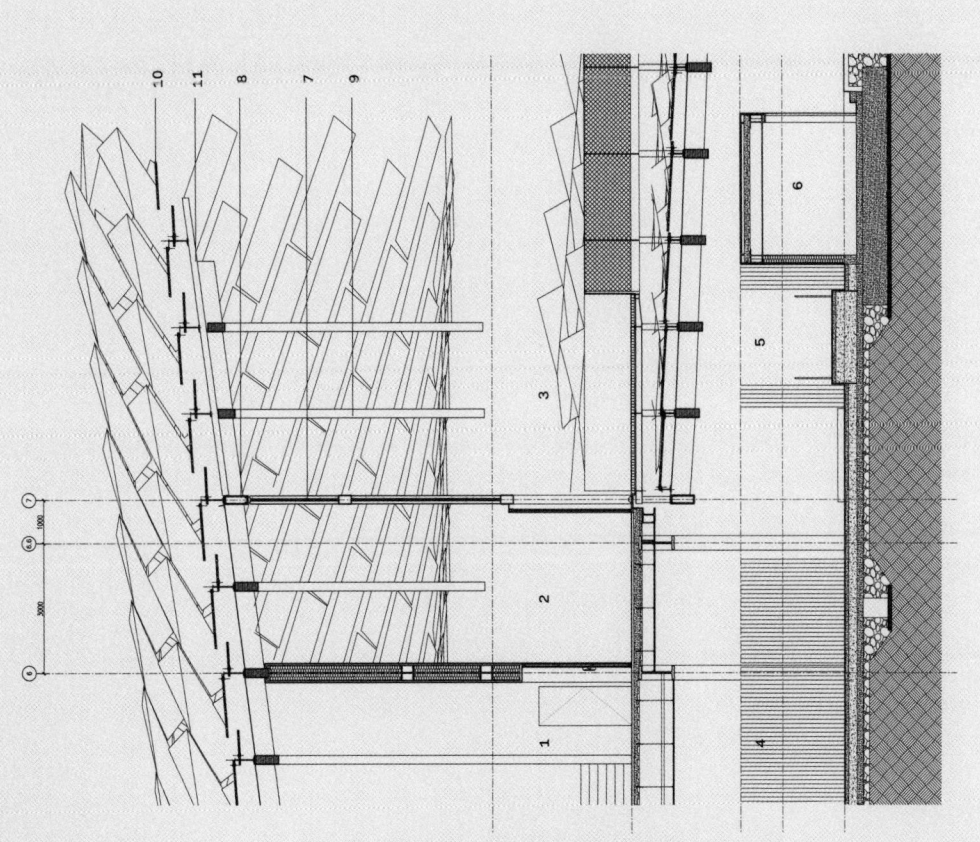

放大剖面（南侧）

1 影厅
2 影厅外灰空间
3 室外栈桥
4 主题展览
5 公共坡道
6 储藏
7 玻璃幕墙
8 钢梁
9 木梁
10 屋面竹瓦
11 出挑次结构

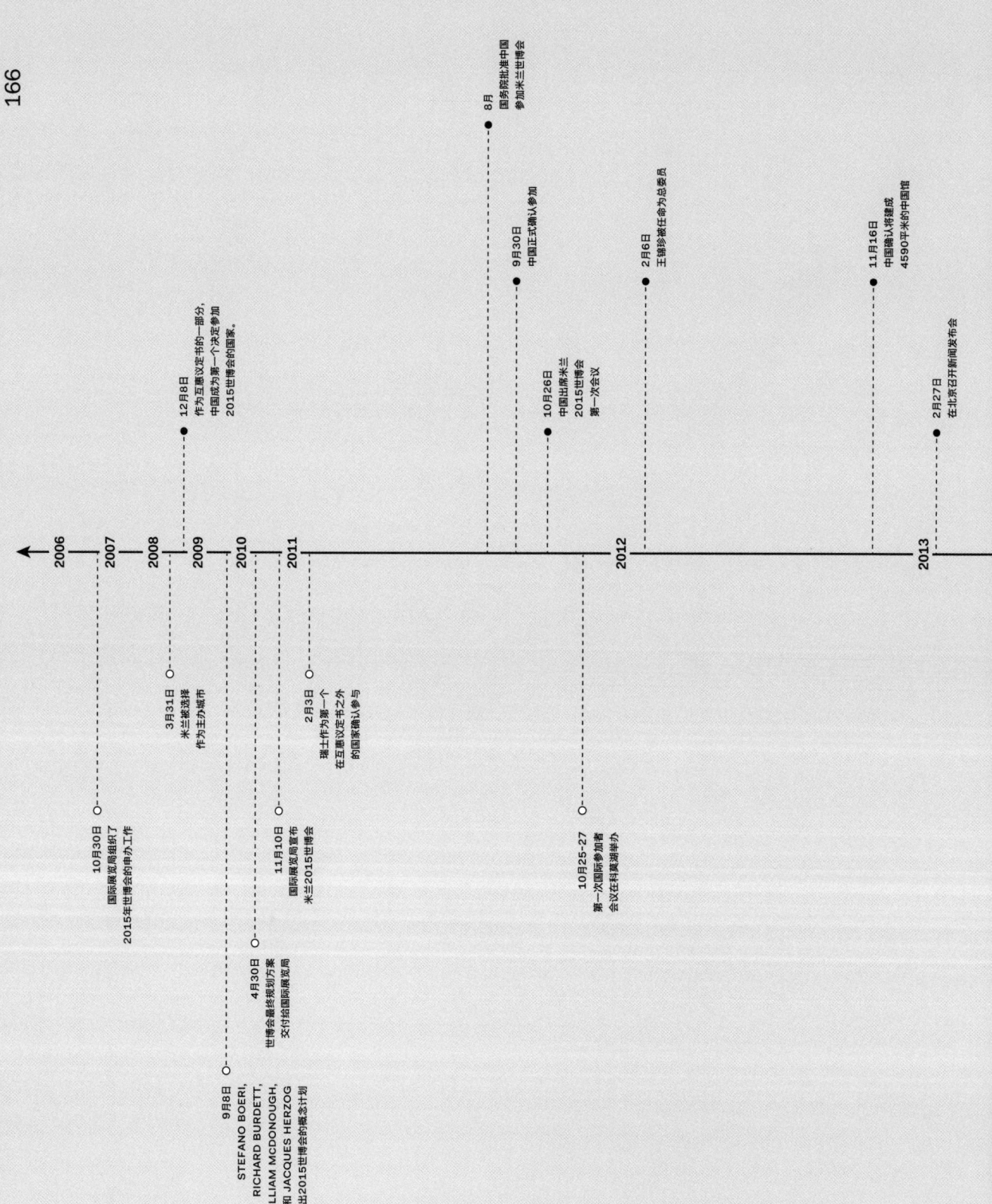

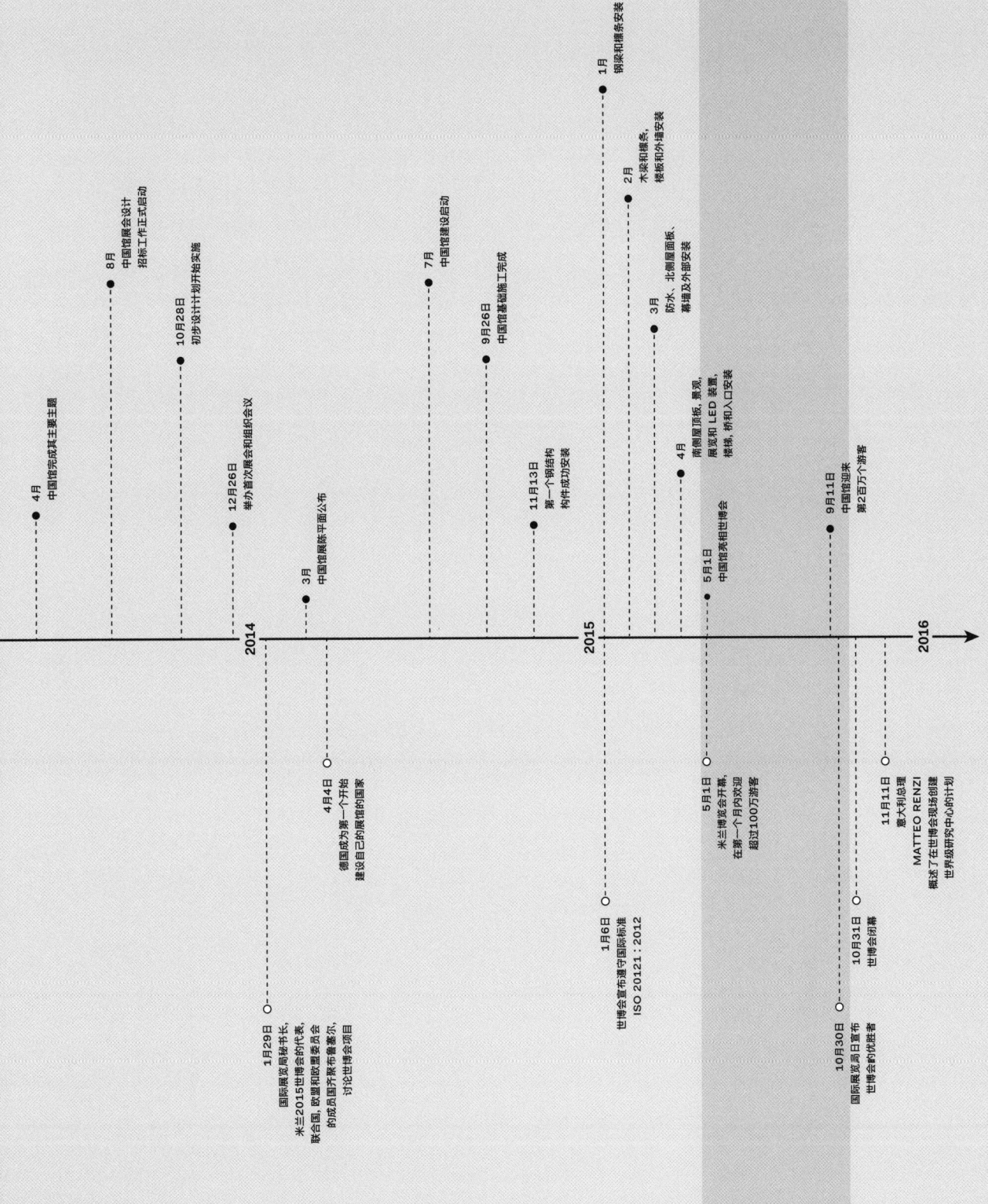

168

项目统计

PVC 屋面膜（平方米）	2,584
铝板框架数量	1,616
屋顶竹瓦数量	1,052
建筑设计天数	542
屋面瓦类型	287
中国馆建造天数	259
中国馆实体模型数量	147
中国馆访问者平均花费分钟数	40
中国馆建筑团队规模	24
中国馆顾问团队规模	24
中国馆设计团队成员数	17
参与中国馆设计和建造的国家与地区数	12

世博会统计

米兰世博会总成本（欧元）	2,600,000,000
米兰世博会访客总数	22,200,000
门票出售总数	10,000,000
米兰世博会志愿者人数	18,000
米兰世博会开放天数	184
参与国家数量	145
米兰世博会总场地面积（公顷）	110
世博大使人数	93
独立国家和集群展馆总数	70
门票价格（欧元）	39
参与民间社会团体和非政府组织数量	17
意大利召开世博会次数	2

协作地图

建筑
结构
设备
幕墙
可持续设计
参数化表皮设计
现场监理
技术顾问

室内设计
展陈设计
景观设计
制造公司
木结构制造商
钢结构制造商
防水层制造商
竹材板制造商

项目概况

名称：2015米兰世博会中国馆

地点：意大利米兰

项目功能：展览、餐饮、影厅、装置、纪念品销售、接待、会议、办公等

基地面积：4590平方米

建筑规模（面积）：3975平方米

设计/建成时间：2013-2015

业主：中国国际贸易促进委员会

组织者：2015米兰世博会组委会

总体设计：清华大学美术学院+Link-Arc 建筑事务所（纽约）

项目负责人：苏丹

项目总监：张月 杜异

建筑设计部分

主持建筑师：陆轶辰

项目建筑师：蔡沁文、Kenneth Namkung

建筑设计团队：Alban Denic、黄敬德、范抒宁、Hyunjoo Lee、Dongyul Kim、Mario Bastianelli、Ivi Diamantopoulou、刘子凡、黄伟、Zachary Grzybowski、Elvira Hoxha、Aymar Mariño-Maza、Yoko Fujita、邓一泓、胡辰、袁周、金晨、Frank Melendez、Jose Silva

执行建筑师 (LDI)：F&M Ingegneria

结构工程师：Simpson Gumpertz & Heger + F&M Ingegneria

幕墙顾问：Elite Façade Consultants + ATLV

机电顾问：北京清尚建筑设计研究院 + F&M Ingegneria

总承包商：中艺建筑装饰有限公司 + 永一格（欧洲）+ Bodino Engineering

总体设计部分

技术顾问：王长钢、涂山、梁文

室内设计：汪建松、李飒

景观设计：崔笑声

展陈设计：周艳阳、赵华森、李彩丽

装置设计：师丹青、冼枫

灯光设计：杜异、刘晓希

VI 系统：管沄嘉

视觉传达：顾欣、王之钢

公司简介

Link-Arc建筑事务所是一个位于纽约的国际化建筑设计团队。"Link-Arc"的名字来源于我们合作性的本质与使命——通过链接多背景多角度的信息、人才和智力资源,与来自不同地区、不同领域的设计师一起进行城市规划、建筑、空间艺术、景观环境的多样化策略咨询与创造。

我们的核心工作方法是一种意接受质疑的模式。吸取了不同文化与活境中的优势,我们将建筑视作一个充满批判意识的乐观行生活的存在,一个源于生活而高于生活的存在。我们坚信信更为广义的建筑学可以创造属于这个时代的睿智、有魅力和价值的建筑,并以新的交付方式完成。

我们的设计涵盖了各种尺度的创新性的项目。我们将建筑与基地的关系视作建立新场域、新自然、新秩序的机会,以对相关语境和具体元素的独特本质,揭示项目的独特本质,并由之推进概念演化与空间塑造。我们希望在我们的标准之下诚心琢磨的设计成果具有特有的质量,能够为它的观众提供不同的想象和解读的空间与维度,为它的使用者创造静谧之乐。

我们以开放的心态来面对每个项目。我们主动综合项目中相关的甚至是限制性的因素,包括预算、结构、材料、建造系统的组织与工艺流程;基于团队的专业知识和能力,我们将这些因素有效的整合,更好的引导项目的方向。自由灵活的态度使得我们能够积极的应对来自社会、经济各方面的影响,从而实现更大的建筑设计完整性。

目前成员

陆轶辰、蔡沁文、Kenneth Namkung、Razvan Voroneanu、朱雯、Mariarosa Doardo、Dongyul Kim、Hyunjoo Lee、Hyungsun Choi、方春琪、Elaine Fung、Yoko Fujita、李诗琪、Jing Liu、梅富鹏、秦思梦、袁佳琳、王菁、徐嘉铂一泓、范抒宁、Zachary Grzybowski、郭继政、Elvira Hoxha、胡辰、黄敬璁、Jin Huang、黄伟、Iroha Ito、金晨、Ho-gyum Kim、Melissa Loyola、Su Li、刘子凡、Rosa Manzo、毛小芸、Aymar Mariño-Maza、Tristan McGuire、Magdalena Naydekova、Sang Joon Park、钱文韵、Victor Paul Schelechow、施叹竹、孙逸夫、Silva、Jean-Baptiste Simon、Ian Watchorn、Hung Fai Tang、童静茹、温馨井、徐潜青、王禹、王啸石、魏建彤、张馨、钟磬

过去成员及合作者

Sara Gutierrez Armesto、Mario Bastianelli、Amy Shu Chang、Sung Moon Cho、Uhn Choi、Myungduk Chung、Andres de la Paz、Ivi Diamantopoulou、Alban Denic、邓于超然、袁周、张思锐、钟磬

Link-Arc 主持建筑师个人简介

陆轶辰
清华大学副教授,博士生导师
Link-Arc 建筑事务所创始人

本科毕业于清华大学,于耶鲁大学获得建筑学硕士学位。曾获得日本文部省平山郁夫奖学金一等奖、耶鲁大学罗伯特·文化瓦德设计奖、耶鲁大学弗兰克·盖里工作室弗莱德曼设计奖提名。2006年,获日本"新建筑国际住宅设计竞技大奖"一等奖第一名;2014、2016年分别获德国设计协会该年度标志奖(Iconic Award);2015年入选美国《建筑实录》全球设计先锋;2016年获美国建筑奖(American Architecture Prize)白金奖。

2008年于洛杉矶弗兰克·盖里及其合伙人事务所任项目建筑师,负责阿布·达比古根海姆博物馆设计;2010年,于纽约斯蒂文·霍尔建筑师事务所任项目建筑师,主持事务所中大型中国项目并参与重要国际项目;2012年,陆轶辰于纽约创立 Link-Arc 建筑事务所,并于意大利米兰理工建筑学院、美国雪城大学任客座教授,现任清华大学任副教授,博士生导师。

2015年,陆轶辰代表清华大学主持设计了意大利米兰世博会中国馆。作为第一次以独立自建馆的形式参与在海外的世博会的中国馆,获得了"世博展馆遗产大奖""循环利用杰出奖一等奖,与国际世博局颁发的2015年米兰世博会大模块建筑设计铜奖;该项目还同时获得了2016中国建筑学会创作奖金奖在内的众多国内外专业奖项。

Link-Arc 奖项与荣誉

2017

米兰世博会中国馆
获中国建筑学会2016中国建筑设计奖，金奖

深圳湾柏宁花园
获 Architizer A+ Award，公众欢迎奖

2016

米兰世博会中国馆
获中国建筑学会建筑创作奖金奖

上海博物馆东馆建筑设计
获上海市重大文化设施国际建筑师设计竞赛二等奖

米兰世博会中国馆
获世界建筑节文化类建筑奖，优秀奖

深圳华侨城总部大厦
获美国建筑奖高层建筑设计奖，白金奖

米兰世博会中国馆
获美国建筑奖建筑设计奖，金奖

深圳湾柏宁花园
获香港设计中心为亚洲而设计奖，优秀奖

深圳湾柏宁花园
获德国建筑设计委员会德国设计奖，优秀奖

上海博物馆东馆
获德国建筑设计委员会标志奖

深圳华侨城总部大厦
获 Architizer A+ Award，特别奖

米兰世博会中国馆
获木结构协会2016木结构设计奖，金奖

米兰世博会中国馆
获美国工程协会 ACEC 国家认可奖，优秀奖

米兰世博会中国馆
获美国工程协会马萨诸塞州分会杰出工程奖，金奖

米兰世博会中国馆
获美国建筑工程协会最具创新项目奖

米兰世博会中国馆
获美国建筑工程协会结构系统设计奖，优秀奖

米兰世博会中国馆
获美国建筑工程协会建筑工程一体化优秀奖

深圳湾柏宁花园
入围亚洲建筑师协会 ArcAsia 建筑奖

2015

入选美国《建筑实录》全球设计先锋

米兰世博会中国馆
获国际展览局世博会大模块建筑奖，铜奖

米兰世博会中国馆
获世博展馆遗产大奖循环利用杰出奖一等奖

2014

米兰世博会中国馆
获德国建筑设计委员会标志奖，最佳奖

贵州中航城云景会所
获第十二届国际传媒类，2014年度建筑设计大奖

米兰世博会中国馆
获第十二届全国美展铜奖

2006

曼哈顿无平面建筑
获日本"新建筑"国际住宅设计竞技大奖，一等奖第一名

Link-Arc 讲座

2017

《米兰世博会中国馆建筑的五点概念》
清华大学博物馆，中国北京

《无平面，无场域，无边界》
费城大学，美国费城

《无平面，无场域，无边界》
哈工大建筑设计院，中国哈尔滨

2016

《近期实践的三个关键词》
走向批判的实用主义：当代中国建筑论坛，
哈佛大学建筑学院，美国波士顿

《建构句法》 纽约C+C论坛，美国纽约

《近期实践的三个关键词》
重庆建筑大学，中国重庆

《从自然到人工》
哈尔滨工业大学建筑学院，中国哈尔滨

《再现文脉》
米兰理工建筑学院，意大利米兰

《再现文脉》
天津大学建筑设计院，中国天津

《模型与程序设计》
天津大学建筑学院，中国天津

《中国城市设计新趋向》
波士顿建筑师协会，美国波士顿

2015

《从自然到人工》 雪城大学，美国雪城

《从自然到人工》 米兰建筑、规划、景观
与城市保护协会，意大利米兰

《建构句法》
米兰理工大学建筑学院，意大利米兰

《在希望的田野上》
中意建筑师论坛，意大利米兰

《在希望的田野上》
Bois 论坛，法国南希

《在希望的田野上》
为世博设计系列论坛
米兰理工建筑学院，意大利米兰

《转换现实》
深圳国土资源委员会，中国深圳

《参数建构》
深圳大学建筑与城市规划学院，中国深圳

《建构句法》
北京理工大学建筑学院，中国北京

《建构句法》 有方空间，中国深圳

2014

《希望/田野》
东南大学建筑学院，中国南京

《城市营造，和而不同》
2014新立方论坛，中国北京

《米兰世博会中国馆建筑结构设计》
2014技艺成就建筑之美论坛，中国北京

《全球化下的中国实践》
GBE 文化建筑设计与运营高峰论坛，
中国上海

《深圳建筑的实验性与先锋性实践的价值
与意义》
为深圳而设计学术论坛，中国深圳

2013

《中国当代建筑师教育中核心价值的变迁》
上海国际建筑师大会——50/60/70中国当
代建筑师学术论坛，中国上海

《我们所能改变的》
清华大学美术学院，中国北京

2012

《我们所能改变的》 深圳观筑，中国深圳

致谢

2015米兰世博会中国馆从设计到建成的两年是我们一段异常珍贵的经历。在此，我们希望对给予中国馆建筑帮助与支持的人们表示由衷的感谢。

我们希望首先感谢中国馆的业主中国国际贸易促进委员会。贸促会的各级领导一直对中国馆保持高度关注，在各阶段与设计方、施工方密切沟通。在施工最后阶段，由姜增伟会长领导，以王锦珍会长、徐沪滨秘书长、顾超部长等为代表的贸促会团队日夜奋战在米兰现场把控协调，是所有团队的榜样。开馆后的世博会期间，贸促会与中外志愿者一起管理运营，令中国馆对世界各国的参观者保持极大的吸引力。

然后，我们希望特别诚挚的感谢清华大学校领导与美术学院的老师们。以谢维和副校长、鲁晓波院长为代表的校、院领导从始至终都关注、支持着中国馆的项目和团队。由副院长苏丹作为项目总负责，环境艺术系系主任张月老师、副系主任杜异、涂山老师所指导的设计团队，在建筑、展陈、灯光、多媒体、景观、室内设计等方面倾注了大量的心血，帮助我们完善了建筑与各设计专业之间的协调交接。苏丹院长和张月主任多次来往于米兰之间，杜异、汪建松、师丹青、崔笑声、周艳阳、管沄嘉、王之纲等老师们都曾在米兰工地驻场，同他们一起监督实施效果，他们的敬业精神和专业素养给我们留下了深刻的印象。大学领导陈旭书记和谢维和副校长

多次慰问设计团队，并亲赴米兰视察，现出学校、学院对项目和团队的关怀与期望。此外，以吴晞院长领导的北京清尚建筑设计研究院在中国馆的机电设计上进行了大量工作，体现了研究院的综合实力。

我们在此感谢由于泽旗、吕志道两位企业家领导的中方建造团队中艺建筑装饰有限公司、永一格展览展示有限公司。他们全力配合业主和建筑师的工作，在工期和造价的双重压力下，克服众多困难，适应意大利的本土条件，有效整合国内的供应资源，提高中国馆的实施品质。他们让我们看到了中国企业的坚韧与实力。同样的，优秀的意大利建造企业Bodino Engineering、工程公司F&M Ingegneria等在项目合作中起到了巨大的作用。如果没有他们的技术支持和努力配合，中国馆的建造过程可能不会这么顺利。

我们也诚挚的感谢其他参与团队中的每一个人，在中国馆建造过程中付出他们的时间和智慧。项目中的众多挑战，都因为他们积极的态度得以经验的解决。

另外，感谢对我们工作表现出理解与温情的家人们，感谢他们长期不求回报的支持；还有我们的众多建筑师和非建筑师朋友们，他们都曾以建议、慰问和鼓励的方式帮助我们前行。

最后，我们把最深的感谢延伸到帮助创造出这本书的人们。讲述一座建筑的故事从来都不容易，但是一组能力高超

的合作者使它成为可能。Original Copy的Julia van den Hout和Kyle May创造出了独特的设计概念并且协调了本书的出版。MGMT的Sarah Gephart和Federico Pérez Villoro和夏博洋把他们对平面设计的敏感带到了这本书上。ACTAR出版社的Ricardo Devesa在整个过程中耐心的帮助了我们，给予了我们非同寻常的指点。

中国馆的圆满落成和这本书的成功出版都是参与多方的共同付出换来的收获。这段经历会一直保留在我们的记忆中，并融入我们未来的实践生涯里。

图片来源

Sergio Grazia: 2-3, 8, 148-149, 150, 156, 158, 160

Hufton + Crow: 4, 5, 20, 21, 93, 140 [top], 151

邵峰: 6-7, 17, 36

Studio Link-Arc: 12, 15, 39, 40, 42, 44, 45, 46, 48, 49, 50 [top], 52, 53, 66, 68, 69, 70, 72, 74, 75, 76, 77, 78, 79, 80, 81, 82, 83, 84, 85, 86, 87, 106, 110 [top], 111, 113, 114, 115, 117, 118, 120, 122, 123 [bottom], 140 [bottom], 162, 163, 164, 165

Roger Higgins: 22

Torsten Seidel: 23

Filippo Polli: 25, 97

Urbanmyth / Alamy Stock Photo: 27

TonyV3112 / Shutterstock.com: 28

Iwan Baan: 29

Jørn Utzon: 31

Gnoparus / Shutterstock.com: 32

C.D. Arnold: 34

DCG Company Srl: 38, 43, 99, 102

Fotogramma SrL: 41

Hong Zheheng: 47, 51, 67, 88

MIR: 50 [middle]

Tsinghua University 清华大学: 50 [bottom]

Studio Libeskind: 57, 58, 59, 92, 94

Stefano Boeri Architetti: 60, 61, 133

Meier & Poehlmann: 63

Jesse33 / Shutterstock.com: 64

王晓东: 89, 108, 125, 144

Patrick Stahl / Flickr: 95

Bernard Gagnon: 96 [top]

Mamahoohooba / Shutterstock.com: 98

Schmidt Hammer Lassen Architects: 100

Chicago Tribune: 101 [top]

Paul Furst: 101 [bottom]

陆轶辰: 104

Leo Chiou: 105 [top]

Eugenio Marongiu / Shutterstock.com: 105 [bottom], 132

Étienne-Jules Marey: 110 [bottom]

F&M Ingegneria Spa: 112 [top]

Simpson Gumpertz & Heger: 112 [bottom]

Bodino Engineering Srl: 119, 121, 123 [top], 124

Kevin Roche John Dinkeloo and Associates: 128, 129

Bonnier Corporation: 130

Lars Plougmann / Flickr: 134 [top]

Gzzz / Wikimedia: 134 [bottom]

Simone Bosotti / Wikimedia: 135 [top]

teamLab: 135 [bottom]

ChiccoDodiFC / Shutterstock.com: 136

Mihai-Bogdan Lazar / Shutterstock.com: 137

Eames Office: 138

Marco Jetti: 139

吕恒中: 141, 146, 147, 152-153, 155 [left]

Roland Halbe: 154, 155 [right], 157, 159

Sam Kahn: 170, 171

XPOSITIONS: 关于世博会场馆的对谈

出版
Actar Publishers, 纽约、巴塞罗那
www.actar.com

作者
Link-Arc 建筑事务所：陆轶辰、
Kenneth Namkung、蔡沁文、邓一泓

编辑策划
Original Copy

装帧设计
MGMT. design

中文排版
夏博洋

受访人
Stefano Boeri、李翔宁、
Daniel Libeskind

翻译及校对
英文：Original Copy
中文：邓一泓、蔡沁文

印刷
Tiger Printing, 香港

版权所有
© 版本：Actar Publishers
© 文字及项目图片：Studio Link-Arc, LLC

版权所有。保留所有权力，针对所有及部分
内容，未取得版权所有者书面授权前，不得
任意翻译、翻印、利用书中图像、引用、传
播、重制到微缩胶卷和其他媒体上以及保存
在数据库中。

This work is subject to copyright.
All rights are reserved, on all or
part of the material, specifically
translation rights, reprinting, re-use of
illustrations, recitation, broadcasting,
reproduction on microfilm or other
media, and storage in databases. For
use of any kind, permission of the
copyright owner must be obtained.

发行
Actar D, Inc

纽约
440 Park Avenue South, 17th Floor
New York, NY 10016
Phone +1 2129662207
salesnewyork@actar-d.com

巴塞罗那
Roca i Batlle 2-4
08023 Barcelona, SP
T +34 933 282 183
eurosales@actar-d.com

编目数据
英文版本 ISBN: 978-1-945150-62-3
中文版本 ISBN: 978-1-945150-85-2
PCN: Library of Congress Control
Number: 2017956003

本书的CIP目录档案可以从美国华盛顿的
国会图书馆 (Library of Congress) 获取。

于2017年9月在中国印刷与装订。